트윈 소울

- 사랑과 영혼, 소울메이트에서 트윈 소울로 -

전파과학사는 독자 여러분의 책에 관한 아이디어와 원고 투고를 기다리고 있습니다. 디아스포라는 전파과학사의 임프린트로 종교(기독교), 경제·경영서, 일반 문학 등 다양한 장르의 국내 저자와 해외 번역서를 준비하고 있습니다. 출간을 고민하고 계신 분들은 이메일 chonpa2@hanmail.net로 간단한 개요와 취지, 연락처 등을 적어 보내주세요.

트윈 소울
사랑과 영혼, 소울메이트에서 트윈 소울로

초판 1쇄 2009년 3월 20일
개정 1쇄 2022년 12월 13일

지은이 이이다 후미히코
옮긴이 김종문
발행인 손영일
디자인 장윤진

펴낸 곳 전파과학사
출판등록 1956. 7. 23 제 10-89호
주 소 서울시 서대문구 증가로18, 204호
전 화 02-333-8877(8855)
팩 스 02-334-8092
이메일 chonpa2@hanmail.net
공식 블로그 http://blog.naver.com/siencia

ISBN 978-89-7044-386-7(03180)

트윈 소울

사랑과 영혼, 소울메이트에서 트윈 소울로

이이다 후미히코 지음 | 김종문 옮김

전파과학사

안녕하십니까!

이번에 《트윈 소울》을 한국에서 출판하게 되어 영광입니다. 감사합니다. 일본에는 한국 붐이 계속되고 있으며, 한국으로 여행하는 일본인도 증가하고 있습니다. 필자에게도 한국 친구가 많습니다. 모두 훌륭한 분입니다. 필자는 한국 사람을 굉장히 좋아하고 존경합니다. 한국 여러분들게 이 책을 소개하게 되어 진심으로 행복합니다.

이 책으로 필자는 수년전 경험한 임사체험과 이로써 깨달은 많은 것을 나누려 합니다. 이 책은 출간 직후 제법 화제가 된 책으로 지금도 중쇄를 거듭하고 있습니다. 특히 영성Spirituality에 관심이 많았던 독자나 신앙심이 깊은 분들도 호평을 해주고 있습니다. 저자로서 반가운 건 영적인 것에 관심이 없던 분들이나 유물론자조차 이 책을 높이 평가해준다는 사실입니다.

이 책으로 필자의 다른 책, 특히 《사는 보람론》에 흥미를 느끼신다면 다음 웹 페이지도 참조해 주시기 바랍니다.

앞으로도 여러분이 필자를 친구처럼 대해주셨으면 좋겠습니다.

http://homepage2.nifty.com/fumi-rin

이이다 후미히코

머리말

이 책을 쓰며 과학적인 분석이나 표현 방법을 사용하였지만, 최소한 내가 경험한 사실을 있는 그대로 전해드리려고 노력했습니다. 이 책은 소설적인 기법이나 상상을 일체 사용하지 않은 사실 그대로입니다. 조금이라도 상상을 사용한 부분은 추정을 내포하고 있음을 명기했습니다.

필자는 '경험하지 않은 것에 대해서는 기술하지 않는다'라는 원칙을 지키려고 합니다. 그래서 잘 모르는 건 정직하게 '잘 모르겠다'라고 명기했습니다. 문학적인 장식도 되도록 사용하지 않았고, 군더더기 없는 단순한 문장을 쓰도록 노력했습니다.

나는 일본 국립대학에 적을 두고 있는 대학교수로서 '연구자이며 과학자이다'라는 입장에서, 어디까지나 이성적이고도 과학적으로 인생의 의미나 가치를 고찰하는 책을 발표했었습니다.

그러나 이 책으로 '과학적 태도를 버렸다'는 비판을 받을 수도 있습니다. 이 책으로 말하려는 필자의 체험은 현대과학의 패러다임(세계관, 우주관)과는 분명 다르기 때문이며, 과학자로서 자기 분석에도 한계가 있기 때문입니다.

"자기 자신도 이해할 수 없는 체험을, 대학교수라는 신분으로 공표해도 될까?"

사실 망설였습니다. 지금 이 순간에도 '나는 연구자이자 과학자이지 결코 소설가가 아니다'라고 자부하고 있기 때문입니다.

그런데 언제부터인가 마음속에서 브레이크스루Breakthrough; 현상을 돌파하는 발상의 전환가 생겼습니다. 이상할 정도로 마음이 편해졌습니다. 그것은 '내가 과학을 버린 것이 아니라, 단순히 과학을 초월했을 뿐이다'라는 걸 깨달았기 때문입니다.

이 책으로 필자는 현대과학의 패러다임을 초월한 경험을 전하려 하지만, 이를 과학적인 관점에서 묘사하고자 노력한다면 이는 '과학을 버린 것'일 수 없습니다.

내가 정말로 과학을 버렸는지, 아니면 비로소 과학을 초월했는지……그 판단은 독자의 몫입니다.

'생명을 건 배움'에 도전

2005년 12월 31일 오후.

필자 홈페이지에 다음과 같은 공지가 올라왔습니다.

2월 31일 (이이다 선생 대필)

알려드립니다.

이이다 후미히코(후쿠시마 대학 교수, 43세)는 지난 12월 28일, 후쿠시마 시내에서 의식 장애를 일으켜 구급차로 병원에 실려갔습니다. 뇌에서 100cc 이상의 대량 출혈이 발견되어 긴급 수술을 받았습니다.

의사는 '조금만 늦었으면 생명을 잃을 뻔했습니다. 지금 환자는 삼도천三途川을 건너고 있었습니다'라고 말했습니다.

다행히 명의를 만나 수술은 성공적이었으며, 현재 선생님은 의식을 되찾고 휴식을 취하고 계십니다. 병원 원장 선생님과 담당 의사 선생님도 이이다 선생의 책에 대해 알고 있었으며, 강연을 들은 적이 있는 의료진들도 많았습니다. 이이다 선생의 책을 모두 읽고 있다는 간호부장님이나 애독자인 간호사분들이 노력해주신 덕분인지 간호도 극진합니다.

이후 경과에 따라 달라지겠지만, 이이다 선생은 당분간 요양을 해야 합니다. 이이다 선생이 전할 말씀이 있다면 이 페이지로 알리겠습니다. 그때까지는 여러분의 염려하는 마음만 받겠습니다. 아무쪼록 병원을 방문하시는 일이 없기를 바라며, 조용히 요양을 취하도록 협조해 주시면 고맙겠습니다.

끝으로 이이다 선생은 애독자 여러분에게

"나는 여러분과 언제나 함께 있습니다. 여러분과 관련한 일이 가장 좋습니다. 아무쪼록 좋은 새해를 맞이하십시오."

라고 말하고 있습니다.

(병상에 있는 이이다 선생의 말을 대필자가 메모했습니다. 매끄럽지 못한 문장을 양해해 주시기 바랍니다.)

병상에서 친구에게 부탁하여 대필로 게재한 것입니다.

나중에 보니 마치, 내 부고장을 보는 것 같은 기분이었습니다.

그렇습니다. 나는 실제로 죽을 뻔했습니다. 문자 그대로 '죽기 직전에 기적처럼 살아났다'고 할 정도로 위험한 상태였습니다.

이는 "한번 경험해볼까?"라거나 재미로 한번 해 볼 일은 아닙니다. 조그만 실수라도 있었다면 내 육체로 되돌아올 수 없었을 것입니다. 죽음을 각오하고, 많은 사람들에게 폐를 끼치면서까지 경험했던 것이었습니다.

하지만 덕분에 나는 '영적인Spiritual 세계와 긴밀히 연결되지 않으면 경험할 수 없는, 귀한 영적 경험'을 얻었습니다. 여기에 기적적인 행운이 겹치며 최후의 한계점에서 물질세계로 귀환할 수 있었습니다. 여러분에게 그 배움을 전할 수 있는 이유입니다.

이 책은 그 배움의 기록이며, 이 책에 적은 내용은 모두 사실입니다. 실제로 여러분도 이 책이 단순히 상상만으로는 쓸 수 없는 책이라는 것과 이 책으로 필자가 이득은커녕 오히려 과학자로서의 명성에 해가 될 수 있다는 것을 이해하게 될 것입니다.

이 책은 오직 순수한 사명감으로 공표하는 책입니다. 필자로서는 대단한 용기를 낸 셈 입니다. 아무쪼록 독자는 필자가 말하는 사실을 편견없이 순수하게, 있는 그대로 받아들였으면 좋겠습니다.

그럼 '영혼의 여행'을 출발합시다!

목차

제 1장 ◆ 12월 28일 물질세계에서 일어난 일

제 2장 ◆ 12월 28일 정신세계에서 일어난 일

제 3장 ◆ 신비의 창문을 열다

제1장

12월 28일
물질세계에서 일어난 일

제1절

예감

1장이 불필요하다고 느낄 독자도 많을 것 같습니다. 다만 저자를 소개하거나 당시 저자가 경험한 일의 배경을 소개하기 위해서라도 편집하지 않고 남겼습니다. 양해해 주시기 바랍니다. - 편집자

홈페이지에서의 예고

쓰러질 것 같은 예감은 이미 2005년 초부터 느끼고 있었습니다. 물론 그 시점은 알 수 없었습니다. 빠르면 수개월, 늦으면 수년이나 아니면 좀 더 후가 될 것인지…. 그런 생각만 막연하게 했던 것 같습니다.

하지만 '그때가 확실히 다가오고 있다'는 건 분명히 느끼고 있었습니다. 이는 이전 책 《소울메이트》(2005)에서 《사는 보람의 창조Ⅱ》(2005)를 소개하며 기술한 것을 보면 알 수 있습니다.

필자에게 《사는 보람의 창조Ⅱ》는 일종의 유언이었습니다.

그 예감은 점점 더 강해졌습니다. 2005년 가을에는 친구에게 이렇게 메일을 보냈습니다.

"언젠가는 뇌경색이나 뇌출혈과 같은 뇌의 병으로 쓰러질 것 같은 기

분이 들어."

실제로 나중에 친구에게, "그것 봐, 맞았잖아! 그때 의사에게 보였으면 좋았을 걸!"이라고 책망을 들었습니다.

사실 홈페이지 글에서 이미 그런 불길한 예감을 많이 찾아볼 수 있었습니다. 예를 들어 11월 5일에는 다음과 같은 글을 남겼습니다.

11월 5일 판

요사이 출장이 계속되고 있고 세 가지 원고 마감이 다가와 있으며, 하루에 16시간 이상 일을 하고 있습니다.

이 때문에 일주일 동안 체중이 3kg이나 빠져 생각지도 않던 다이어트가 되었습니다……
(병적인 감소율이라서 정말 병이 아니기를 바랍니다만……)

내일(일요일)도 앞서 소개드린 바와 같이 이바리기현 쓰지우라에서의 공개 강연회 때문에 편도 3시간을 손수 운전하고 가서 또 바로 되돌아오지 않으면 안 됩니다. 이런 피곤한 몸 상태에서 마치 죽은 사람에게 힘내라고 매질하듯 마지막 일격이 될 강행군…과 같은……
그러나 내 강연회를 낙으로 삼고 기다려주시는 여러분을 위해서 있는 힘을 다해 노력하지 않으면 안 됩니다.
여러분의 다정한 말이나 웃는 얼굴을 접하는 것이 나에게는 무엇보다도 에너지가 되는 것도 사실이니까……

이미 문장에는 '죽음'이나 '병'이라는 표현이 늘어났습니다.

비정상적인 체중감소와 뇌의 통증

일주일 후에는 이렇게 적었습니다.

11월 12일 판

어어……

지난 2주 동안에 드디어 체중이 5kg이나 줄었습니다.

먹는 것은 같고(단식을 하고 있는 것은 아닌데) 수면도 매일 5~6시간은 취하고 있으므로 2주 전과 특별히 변한 것은 없는데…… 명확한 원인을 알 수 없습니다.

이전과 다르다면 날이 추워져서 좋아하는 아이스크림을 먹지 않는다는 정도인데, 그렇다 해도 2~3일에 한 개는 먹고 있으므로, 그것만으로 2주일에 5킬로나 줄어들 것 같지는 않습니다…… (웃음)

단 한 가지 이상한 점은 목욕할 때 머리를 감거나, 무슨 일로 머리를 흔들면 상당히 머리가 아프다는 것입니다. 마치 뇌가 부어 있다는 느낌으로 하루 종일 계속 아픕니다. 2주일 전부터 시작되었으므로 이 증상과 비정상적인 체중의 감소가 무슨 관계가 있는지는 모르겠습니다만…

살이 빠진다는 것 자체는 몸에 좋은 것이니까 즐거운 일이지만 따로 다이어트를 하고 있는 것도 아니고(이 격무 중에 다이어트 같은 것을 하면 정말 쓰러질 테니까) 제대로 먹고 자고 있음에도 불구하고 과거에 경험해본 일이 없는 부자연스러운 체중의 감소는 그저 좋아할 수만은 없는 심정입니다.

사람들에게 안도감이나 행복감을 주는 것이 내 일이기 때문에 '여위어 보이기보다는 무의식중에 미소 짓게 되는 복스러운 따뜻한 얼굴'로 남아 있는 쪽이 바람직하다고 생각하고 있습니다만…… 이 상태로 간다면 한 달에 10킬로, 3개월이면 30킬로, 반년 후에는 60킬로나 줄어 거의 육체가 없어져 어차피 영혼의 모습이 되어 버릴지도 모르겠습니다. (웃음)

이 2주일 동안 TV도 신문도 전혀 보지 않고 음악도 듣지 않고 있습니다. 그럴 여유가 전혀 없기 때문입니다. 그러면 오늘 밤도 아침까지 컴퓨터와 씨름해야 합니다…… 하하하!

지금 다시 보니 더더욱 그렇습니다. "목욕할 때 머리를 감거나, 무슨 일로 머리를 흔들면 상당히 머리가 아프다는 것입니다. 마치 뇌가 부어 있다는 느낌으로 하루 종일 계속 아픕니다"라는 문장이 특히 그렇습니다.

여기서 분명히 등장한 단어, '뇌'…… '상당히 머리가 아프다', '뇌가 부어 있다는 느낌', '하루 종일 계속 아프다'라는 표현……. 이미 곧 있을 뇌출혈을, 무의식적으로라도 예상하고 있었던 것 같습니다.

지금도 홈페이지에 다음과 같은 기록이 남아 있습니다.

11월 14일 판

회의(대학에서의 공무) 때문에 내일까지 작성하지 않으면 안 되는 중요한 문서를 필사적으로 쓰고 있으므로 오늘은 이만 하겠습니다.

추신: 지금까지 과중한 일로 체중이 격감하고 있다는 글을 쓴 후 많은 사람이 걱정해 주었습니다. 그러나 나로서는 "어차피 언젠가 죽을 때까지는 오래 살아야겠다!"라고 결심하고 있으므로 아무쪼록 너무 염려하지 않기를 바랍니다.
(네? '죽을 때까지는 오래 살아야겠다'라는 말은 무슨 뜻인지 의미를 모르겠다고요? ……언젠가 북해도 굿샤로 호수 가까이에 있는 '유황산'을 방문했을 때, '이것을 먹으면 죽을 때까지 오래 살 수 있다!'고 하는 온천 달걀, 통칭 '죽을 때까지 오래 살 수 있는 달걀'을 팔고 있어 그 상품명과 캐치프레이즈의 교묘함에 저절로 웃음이 났던 기억이 있습니다. 잘 생각하면 누구나 '죽을 때까지는 오래 살 수 있다'는 것은 당연한 일이며 결코 '수명이 길어진다'든지, '장수할 수 있다'고 약속하는 것이 아니기 때문에 거짓말이나 과장은 아니지요.)

그렇습니다. 이날 게시물에서는 분명하게 '죽는다'라는 표현을 사용했습니다. 앞서 말한 '뇌'의 분명한 이상 징후와 이틀 후에 사용한 '죽는다'라는 표현을 보면…… 내 무의식은 이미 '뇌의 이상으로 죽는다'는 것을 알고 있었던 것이 분명합니다.

나는 퍼즐이나 추리소설을 좋아합니다. 또 약간(상당히?) 장난기가 있는 성격입니다. 그래서 홈페이지에도 그런 장치나 메시지를 숨길 때가 많습니다. 예를 들면 12월 9일에는 이렇게 썼습니다.

12월 9일 판

미안합니다.

최근 대학에서 중요한 업무 때문에 너무나 바빠 홈페이지를 갱신할 시간이 없는 채로 오늘에 이르렀습니다. 특히 이번 일주일은 수면 시간만 5시간으로 TV나 신문도 전혀 보고 있지 않으며, 오로지 컴퓨터만 바라보며 대량의 데이터나 산더미 같은 서류 뭉치와 격투를 벌이는 하루하루입니다.

그런 와중에도 오늘은 후쿠시마를 출발해서 내일(토요일)은 오사카의 대학원에서 연 4시간의 '사는 보람론' 강의를 하고, 다음 날(일요일) 오후에는 기후현에 있는 병원에서 두 시간의 '사는 보람론' 강연과 한 시간의 라이브를 결행할 예정입니다. 그러나 역시 이번에는 기타를 직접 가지고 운반할 기운이 없어 급히 택배로 보냈습니다. 공항까지 무사히 운전해 갈 자신도 없어 오사카 갈 때로는 드물게 이번에는 신칸센 고속열차로 이동합니다. (메일이나 편지도 합계 수백 통 밀려 있습니다…… 거의 울어야할 형편입니다)

어쨌든 내주 말로 다가온 도쿄 공연까지는 어떻게든 살아야 할 텐데….
(왠지 체중도 확실히 줄고 있으며, 이 한 달 동안 정말로 10kg 가까이 줄었습니다)

이 글에도 숨은 메시지가 두 개 있습니다. 하나는 '이번에는 기타를 직접 가지고 운반할 기운이 없어 급히 택배로 보냈다'라는 점입니다. 그 기타는 친구에게 선물받은 것입니다. 그 기타를 얼마나 소중하게 여기는지 잘 아는 독자가 많습니다. 그렇게나 소중한 기타를 택배로 보냈다는 건, 그만큼 몸 상태가 좋지 않았던 것입니다.

다른 하나는, '어쨌든 다음 주말로 다가온 도쿄 공연까지는 어떻게든 살아야 할 텐데…'라는 점입니다. 여기에서 내가 죽음을 예견하고 있다는 사실을 알 수 있습니다. (여느 때와 같이 내 나름의 블랙조크라고 느꼈을 독자도 많겠지만 말입니다.)

유언을 담은 '트윈 소울'

그리고 나서, 도쿄 공연이 끝난 18일, 직접 만들고 연주한 신곡 〈트윈 소울〉을 비로소 발표했습니다. 이 곡의 가사도 나에게는 유언이었습니다. (그 글도 홈페이지의 마지막 글이었던 셈입니다.)

당시 그 유언, 〈트윈 소울〉을 다시 한번 보겠습니다.

2월 22일 판

도쿄 하마 이궁離宮에 있는 아사히 홀에서의 공연, 400명이나 오셔서 만원을 이루어준 덕분에 무사히 성황리에 마칠 수 있었습니다.

그 후 편지나 메일이 많이 와 있습니다.

예를 들면…. (이 책에서는 생략함) 등. 신곡 〈트윈 소울〉은 내 기대를 훨씬 넘어선 대 호평이었습니다. 그래서 여기서 가사만을 특별 공개하겠습니다.

트윈 소울

그날 우연히 만났을 때
우리는 사랑에 빠졌지
시간이 흐르고 어느 샌가
우린 깊게 사랑하고 있었어

나도 너도 오랜 시간 동안
어둠 속을 헤매고 있었지
하지만 반드시 만나게 될 거야
그렇게 믿고 기다려왔어

아주 오래전부터
곁에 있었던 것처럼
그리운 마음 확인하면서

사랑한다는 맹세 따위
필요도 없을 정도로
마음 깊이 연결되어 있어
영원한 시간을 넘어서

〈간 주〉

좋아하는 것도 하고 싶은 것도
우리는 다르겠지만
있는 그대로를 받아들일 수 있는
이런 사람은 처음이야

괴로울 때 혹은 슬플 때
너의 미소를 떠올리면
빛이 가득 차 솟아올라
이겨낼 수 있는 힘이

멀리 떨어져 있어도
항상 맺어져 있어요
우리는 하나의 영혼이니까

환생을 거듭하며
우주를 여행해 왔어
어느 별에 있었을까?
어느 별에 가는 걸까?

<간주>

너의 무거운 짐, 너의 노력
나만은 알고 있어
일이 잘 안 풀려 우울할 때도
내가 버팀목이 되어 줄게

너의 서툰 허세, 너의 외로움
나만은 알고 있어
구박당하고 상처 입어도
내가 치유해줄게

서로 배워가면서 즐겁게 가보자
사람으로서 살아가는 시련의 길을

괴로울 때는 내 가슴에 안겨
마음껏 울어도 돼
네가 짊어진 모든 것들을
내가 모두 받아 안아 줄게

<합창 반복>

너의 무거운 짐, 너의 노력
나만은 알고 있어
일이 잘 안 풀려 우울할 때도
내가 버팀목이 되어 줄게

너의 서툰 허세, 너의 외로움
나만은 알고 있어
구박당하고 상처 입어도
내가 치유해줄게

서로 배워가면서 즐겁게 가보자
사람으로서 살아가는 시련의 길을

괴로울 때는 내 가슴에 안겨
마음껏 울어도 돼
네가 짊어진 모든 것들을
내가 모두 받아 안아 줄게

라이브에서 마지막 합창을 모두 함께 큰 목소리로 불러주었습니다. 정말 감동적이었습니다.
이 도쿄 공연의 토크&라이브는 DVD로 내년 1월 하순경에 발매됩니다. 여러분 기대하십시오!

'DVD로 내년 1월 하순경에 발매됩니다'라는 글을 쓰는 순간, 여러 가지 생각이 들었습니다. 이번 글을 끝으로 죽을지도 모른다, 그래도 아직은 살 수 있을지 몰라, 그래도 마지막 문장은 미래에 대한 희망을 적고 끝내야겠다, 이런 여러 감정이 뒤섞여 있었습니다.

이런 생각이 들었습니다.

'만약 내가 죽어도 도쿄 공연에서 노래한 〈트윈 소울〉의 영상과 음성은 남아 있을 것이며, 친구들도 분명 이를 일종의 추모로 세상에 공개해

줄 것이다……. 그렇기 위해서라도 내가 〈트윈 소울〉을 세상에 공개하기를 바라고 있다는 걸 분명히 해두어야겠다.'

이런 생각으로 마지막 문장을 미래의 희망을 담은 말로 끝내기로 했습니다.

이때 나는 400석을 모두 채워준 참가자 여러분이나 앞으로 CD를 듣게 될 모든 분에게 유언으로서 심혈을 기울여 〈트윈 소울〉을 불렀습니다. 공연 티켓은 불과 이틀 만에 매진되었고, 부랴부랴 추가한 60매도 인터넷 판매 1분 만에 매진되었기 때문에 내심 마지막 공연을 지켜봐 줄 '선택된 관객'에게 한층 더 감사하게 되었습니다.

그런 의미에서 이렇게 죽음의 늪에서 생환한 지금에도…… 아니 지금이기 때문에 그때 콘서트 모습을, 그리고 그때 내 기분…… '이것이 마지막이 될 수도 있기에 모두에게 감사하며 밝고 행복하게 웃는 얼굴로 마치자'라는 생각을, 공연장에 오지 못한 독자와 함께 부록 CD로서 공유하고 싶었습니다.

사실 공연 마지막, 즉 무대에서 내려오기 직전의 말은 "모두 새해 복 많이 받으세요!"라는 말이었습니다. 그러나 실제로는 '이것이 마지막이겠다'라고 생각하는 순간 눈물이 쏟아졌습니다. 결국 그 말은 하지 못했습니다. (CD에서는 그 순간 나의 '마지막 생각'을 실으면서 관객들의 박수 소리가 점차 멀어져 갑니다.)

당시 〈트윈 소울〉 가사를 유언이라 생각한 건 다음과 같은 이유였습니다.

- '사는 보람론'에 공감해주는 분은 모두 나에게 트윈 소울만큼 귀중한 고마운 존재입니다.

- 이것으로 이번 인생을 끝마친다 하더라도 다시 환생해서 언젠가 지구, 또는 우주 어디에선가 꼭 만나게 될 것입니다.

- 비록 내 육체를 잃고 내가 보이지 않게 되더라도 내 영혼은 앞으로도 계속 여러분과 함께 살면서 한 사람 한 사람의 무거운 짐, 노력, 허세 부림, 쓸쓸함 등을 공유하면서 응원해 나가겠습니다.

이와 같은 메시지를 전하기 위해 나는 〈트윈 소울〉의 가사를 작사하고 '마지막 포스팅이 될지도 모른다.'라고 예감하고 있던 22일 문장으로 공개했습니다. 이 가사는 그와 같은 생각을 담아 12월 중순에 작사한 것입니다. 여러분에게 미소 지으며 떠나고 싶다……. 그것이 유일한 내 바람이었습니다.

다가오는 '그때'

그날부터 내 몸 상태는 점점 더 악화되어 갔습니다.

23일에는 '영혼의 메신저'로서의 사명을 다하고 그대로 도쿄에서 숙박했습니다. (24년간에 걸쳐 해온 '영혼의 메신저'의 활동에 대해서는 《사는 보람의 창조Ⅱ》를 참조하기 바랍니다.)

24일도 도쿄에 묵을 예정이었지만, 갑자기 몸 상태가 악화하였습니다. '이대로 도쿄에서 혼자 죽게 되면 호텔에 폐를 끼치게 된다……. 지금부터라도 집에 돌아가자'고 결심했고, 아직 밤 10시가 되기도 전이었습니다만 하루치의 숙박료를 지불하고 체크아웃하여 도쿄역으로 갔습니다. 보통 같으면 지하철을 이용하는 것이 빠르고 값도 쌌지만 이때의 나는 100미터 앞에 있는 역까지 걸어갈 체력도 남아 있지 않았습니다.

"이대로 후쿠시마까지 간다면 요금이 얼마나 나올까요?"

택시 기사도 순간 할 말을 잃었습니다.

도쿄역에서 나스시오바라(도쿄와 후쿠시마의 중간 지점)까지 가는 최종 열차에 탑승했습니다. 후쿠시마까지 가는 마지막 신칸센 열차가 이미 떠났기 때문입니다. 열차로 갈 수 있는 데까지 가고 나머지는 비싸더라도 택시로 후쿠시마까지 갈 생각이었습니다. 아마도 8만 엔(약 80만 원) 전후의 택시 요금이 나오겠지만 이때는 '비록 10만 엔을 지불하는 한이 있어도 후쿠시마까지 가야겠다'라는 강한 열망이 있었습니다.

열차 안에서 몸 상태가 더 악화하여 커피 한 잔을 마시며 카페인의 힘으로 의식을 유지했습니다. 하지만 나스시오바라에서 후쿠시마까지 두 시간 가까이 택시를 탄다면 정말로 죽을지도 모르겠다고 느꼈기에, 일정을 변경하여 나스시오바라 하나 앞 정류장 우즈노미야에서 하차했습니다. 나스시오바라와는 달리 우즈노미야에는 좋은 호텔이 많았기 때문입니다.

우즈노미야에 도착하자마자 나는 가장 좋아 보이는 호텔에 들어가 금연실 큰 방을 주문했습니다. 발걸음이 휘청거렸습니다. 다행이 넓고 쾌적했고, 친구 의사에게 받은 안정제를 먹고, 기절했습니다.

다음 날 아침 10시경에 깨어났고 몸 상태가 좋아진 것을 느낄 수 있었습니다. 그날 25일은 신칸센 특급열차로 후쿠시마까지 돌아와서 자택의 컴퓨터로 대학의 중요한 위원의 담당 업무를 처리했습니다.

마침 26일 오후에 딸이 감기 기운으로 의사의 진단을 받아본다고 했습니다. '이참에 나도 진단을 받아보자'라는 마음에 딸과 함께 집 근처 소아과에 갔습니다.

의사 선생님은 나의 증상(막연한 몸 상태의 불량과 머리가 무거운 것, 그리고 간혹 나타나는 두통)을 듣고 진단 카드를 꺼낸 뒤 나에게 질문을 시작했습니다. 그 진단 항목 중에 기억나는 항목이 있습니다.

"구역질이 납니까?"

의사 선생님은 특히 진지하게 몇 번이나 확인했습니다. 하지만 나는 사실 그대로 말했습니다.

"아닙니다. 두통은 있지만 구역질은 전혀 나지 않습니다."

"구역질이 나지 않으면 뇌의 문제가 아니라 지금 유행하는 두통 증상이 있는 감기인 것 같습니다."

지금 생각해보면 그때 내가 구역질이 난다고 답변했더라면 뇌 검사를 권유했을 것입니다. 그러나 정말 전혀 구역질은 나지 않았습니다. 그러니 감기라는 진단을 받은 것입니다. 사실 도쿄에서 찬바람 속을 걸어 다녔으므로 감기 기운도 있었습니다. 따라서 나는 이때 의사의 진단에 관한 불만은 전혀 없습니다.

이날은 감기약을 먹고 귀가 도중 편의점에서 한 병에 1,000엔이나 하는 영양제를 두 병이나 마시고 일찌감치 취침했습니다.

그리고 다음 날, 넘어지는 전날인 27일 아침 몸 생태는 감기약 덕분인지 아니면 비싼 영양제 덕분인지 나름대로 일종의 소강상태를 유지하고 있었습니다.

하지만 저녁에 일이 있었습니다. 쇼핑에서 돌아오는 길, 자주 다녀 헷갈릴 이유가 없는 길을 헤매었습니다. 이때 비로소 "아! 어찌된 일일까? 이유는 모르겠지만 정상적인 내가 아닌 것 같다……."라고 의문이 생겼습니다. 잘 아는 길인데, 마치 처음 가는 길 같은 느낌……, 설명하기 어려운 느낌이었습니다.

심지어 집 근처 사거리조차 헷갈릴 뻔하자 그 이상한 느낌에 놀라면서도, "저녁때는 어두워 주위가 변해 보이는구나!"라는 식으로 나 자신을 납득하려 하기까지 했습니다. 그러나 주위의 광경을 보고 '저녁'이라고 생각하면서도 동시에 "이상하다? …… 지금 몇 시지? …… 이 어두움은 아침이겠지? …… 아침인데 왜 집으로 돌아가지?"라는 등, 나 자신을 이해할 수 없는 생경한 느낌에 사로잡혔던 것도 분명히 기억하고 있습니다.

이때 이미 나는 다음 날 나에게 나타날 괴상한 현상을 어느 정도는 체험하고 있었던 것입니다. 그것은 '시간 감각과 지리적 감각을 잃어버린다'라는 현상, 즉 '이 물질세계에 존재하면서도 의식만은 시간과 공간에서 해방된다'라는 것, 즉 '살아 있으면서 죽어 있다'라는 체험입니다.

그날 저녁 졸음이 쏟아졌습니다. 수술 후에 들은 아내의 말에 따르면 겨우 8시가 조금 지난 시점에 1층에 내려와 그 다음 날(28일)의 일정을 이야기했다고 합니다.

나: "내일은 도쿄에 가서 모레까지 일을 하고 올게. 하지만 두 시 반 이후에 열차를 타면 되니까 푹 자고 낮에 일어날 거야."

아내는 여러 가지 의미에서 나를 전혀 구속하지 않고 자유롭게 해줍니다. 그래서 언제나 "사흘 정도 출장 갔다 올게"라고만 말하면 그것으로 충분합니다. 아내도 어디로, 왜 가는지 캐묻지 않고 대부분 "알았어요. 몸조심하세요"로 끝납니다.

그러나 이때는 "도쿄에 간다"라고 드물게 행선지를 말하고, 더욱이 내일 행선지를 알리는 일만으로 일부러 2층에서 내려왔기에 아내는 막연한 위화감과 불안감을 느꼈다고 합니다.

아내와 함께 있던 딸이 말했습니다.

딸: "내일은 눈이 많이 온대요. 역까지 걷기 힘든데 학원까지 마중 나와 주시겠어요?"

나: "좋아. 아빠는 두 시 반 열차를 타면 되니까 학원까지 마중 나갈게. 같이 역까지 와서 거기서 버스로 집에 오자."

딸: "그러면 12시 반에 학원 앞에서 만나요."

나: "12시 반이라……. 생각보다 빠르군……."

딸: "그렇게 늦게까지 주무세요?"

나: "알 수는 없지만…… 만약 그때까지 자고 있으면 안 되니까 12시 에 휴대전화로 전화해줘. 그럼 잘 자요."

아내: "벌써 자요?"

딸: "평소보다 빠른데요? 그럼 안녕히 주무세요!"

겨우 8시가 조금 넘었는데도 잠자리에 들었습니다. 이는 이미 몸 상태 가 정상이 아니라는 걸 말하는 것이었습니다.

그리고 한두 시간 후 침대에서 일어나려고 상반신을 일으키는 순간 머 리에 심한 두통이 일어났습니다. 머리를 조금이라도 움직일 때마다 찌르 는 듯한 통증이 몰려왔습니다. 하지만 나는 단지 '응……' 하고 다시 침대 에 들어 누웠던 것 같습니다. '머리를 움직이지만 않으면 아프지 않았다.' 라는 기억이 어슴푸레 남아 있습니다.

침대에서 일어날 수도, 아내와 딸이 있는 곳으로 내려갈 수도 없었습 니다. "여보!" 하고 고함을 질렀다고 해도 아래층 거실에서 TV를 보는 아 내와 딸에게 들릴 리가 없습니다(2층의 소리가 아래층에 들리지 않는다는 것은 과거의 경험으로 잘 알고 있습니다).

다행이 머리를 움직이지 않으면 두통은 일어나지 않았습니다. 그래서 나는 그대로 머리가 움직이지 않도록 베개 위에 가만히 누워 있었습니다.

거기까지는 어슴푸레 기억이 남아 있습니다.

　곧 그 자세 그대로 의식을 잃었습니다. 그 후 만 하루 동안의 기억은 전혀 남아 있지 않습니다.

발생

이하 보고하는 2005년 12월 28일 내 말과 행동은 전혀 기억나지 않습니
다. 이 절에서 말하는 기록은 내 아내와 딸, 양친, 그리고 의료진들의 증언
을 맞추어 정리한 것입니다. (가능한 사실에 근접하게 기록하고자 관계자의
기억을 상세하게 체크하며 수정했습니다.)

나에게는 이 물질세계에서의 기억이 정말 하나도 남아 있지 않았습
니다.

'영혼'이 빠져나간 내 육신은 '입력된 자극에 대해서 (간혹 틀리기도 하면
서) 조건반사적으로 반응하는 것뿐인, 감정을 갖지 않는 로봇'과 같은 것
이었습니다.

공포 스릴러 영화와 같은 현실

28일 정오 12시경.

눈이 약간 내리고 바람이 강하게 부는 추운 오후였다고 합니다. 딸과

같이 있던 아내가 전날 약속대로 내 휴대전화에 전화를 걸었습니다.

그런데 전화를 받기는 했지만 곧 심하게 기침을 하면서 대화 불능상태가 되어 거의 말을 못하고 전화를 끊어버렸다고 합니다. 수십 초 후 이번에는 내가 아내에게 전화를 걸어 아무렇지도 않은 무감각한 어조로 "지금 일어났어…. 마중 나갈게….''라고 말하고 전화를 끊었다고 합니다.

12시 40분경 학원이 끝났고 눈이 오는 와중에 아내와 딸은 내 차를 기다리고 있었습니다. 아까 통화했을 때 출발했다면 20분 정도면 충분히 도착할 거리였습니다.

그러나 내 차는 나타나지 않고 '좀 늦어지겠다'라는 전화도 없었습니다. 눈이 많이 오는 날에는 길이 막혀 늦어질 때가 많으므로 "곧 도착하겠지" 하고 아내와 딸은 계속 기다렸답니다.

그런데 1시경이 돼도 내 차는 나타나지 않고 전화도 없었습니다. 아무래도 너무 늦는다고 생각한 아내는 내 휴대전화로 전화를 걸었습니다.

그랬더니 놀랍게도 나는 아직 집에서 자고 있었습니다. 전화 속의 나는 전혀 잘못된 것이 없다는 양 담담하게 너무나 태평하고 온화한 목소리로 "지금부터 일어나서 마중 나갈게''라고 말했다고 합니다. 아내는 어처구니가 없었지만 "1시간 전에 일단 눈을 떴지만 또 잠이 들었나 보다''라고 생각하고 이번에는 도착하겠지 하고 딸과 함께 차를 기다렸습니다.

나중에 아내가 집에 돌아와 보니 화장실 세면대에 내가 토한 흔적이 남아 있었다고 합니다. 그러나 화장실에서 토한 기억은 전혀 없고, 침대에서 나와 옷을 갈아입고 차를 탄 것도 전혀 기억에 없습니다. 그래도 집에 문은 제대로 잠겨 있었다고 합니다.

"집을 나갈 때 문을 잠가야 한다"라는 의식은 남아 있었던 모양입니다. 단, 여느 때와는 달리 내 방에 있는 전기기기의 전원 코드가 손이 닿기 힘든 구석의 콘센트까지 모두 빼놓았다고 합니다. 평상시의 내가 아니었던 건 분명합니다. 도쿄에 가기 위한 물건도 나중에 보니 전혀 엉뚱한 것들이 들어 있었습니다.

아무튼 아내와 딸은 45분이 넘게 기다렸고 내 차는 나타나지 않았습니다. "곧 도착한다"라는 전화도 없었습니다. 보통 같으면 20분 거리입니다. "아빠가 또 잠이 들었나 보다"라고 의심한 아내는 다시 한번 내 휴대전화에 전화를 걸었습니다. 전화를 받은 나는 전혀 잘못이 없다는 듯 태평하고 느긋한 어조로 "지금 나간다"라고 말했다고 합니다. 아내는 "아까부터 45분간 집에서 무엇을 하고 있었을까?" 하고 이상하게 생각하면서도 "빨리 와요!"라고 재촉하고 딸과 둘이서 학원 앞의 알기 쉬운 장소에 나가 눈이 오는 추운 날씨 속에서 계속 기다렸습니다.

그러고 나서 아내와 딸은 40분 가까이 더 기다렸고 내 차는 나타나지 않았습니다. 얼어 죽을 것 같은 추위 속에서 아내는 다시 나에게 전화를 해봤습니다. 그랬더니 전화를 받은 나는 이렇게 말했다고 합니다.

나: "여보세요?"

너무나도 태평하고 끈적끈적한 목소리에 아내는 등골이 오싹해지는 느낌이 들었다고 합니다. 마치 공포 스릴러 영화와 같은 무서운 전개가 이루어지는 도입부 같았습니다.

아내: "지금 어디에 있어요?"
나: "모르겠어……."

아내는 깜작 놀라 나에게 되물었다고 합니다.

아내: "도대체 어떻게 됐어요?"
나: "……"
아내: "괜찮아요?"
나: "가까이에 와 있는 것 같기는 한데……."
아내: "어디에 있어요?"
나: "모르겠어. 시내 어딘지……."
아내: "주위가 어떻게 생겼어요?"
나: "눈앞에 옛 NTT빌딩이……."

(사실 현재도 NTT가 사용하고 있어 '옛'이란 말을 붙일 필요가 없습니다. 나에게는 시간 감각도 상실되었던 것 같습니다.)

아내: "옛 NTT빌딩? …… 어딘지 모르겠지만 NTT라면 시내에 있지
　　　않아요?"

나: "……"

아내: "여기서 가깝잖아요?"

나: "……"

아내: "학원까지 올 수 있겠어요?"

나: "학원? …… 모르겠어……."

아내: "지금 딸 학원까지 마중 나오는 것 아닌가요?"

나: "학원? …… 어딘데? …… 모르겠어……."

아내: "그러면 **거리에 있는 지하 주차장은?"

나: "거기가 어디야?"

아내: "당신이 자주 주차하는 주차장 말이에요."

나: "모르겠어…… 어디에 있어?"

아내는 '이상하다…… 무언가 심상치 않은 일이 벌어지고 있다'고 느꼈습니다. 아내는 이렇게 말했다고 합니다.

"이대로 전화를 끊지 말고 있어요. 이 근처에 있는 것이 틀림없는 것 같아. 우리가 찾아 갈게……. 차를 움직이지 말고 주위에 무엇이 보이는지

알려줘요."

아내는 딸과 함께 내가 말한 '옛 NTT빌딩'이라는 건물 방향으로 급히 걸어갔습니다.

아내: "그 외에 주위에 무엇이 보여요?"

나: "**여관이라고 적혀 있어……."

아내: "그러면 **은행 본점이 보여요?"

나: "**은행이라고 적혀 있어……. 지금 막 지났어……."

아내: "왜 그래요? 운전하지 말아요! 그 근처에서 차를 세우고 기다려요!"

나: "……"

하지만 나는 아내의 말을 무시하고 그대로 차를 몰아간 모양입니다. 전화로 주위에 보이는 간판을 아내에게 계속 전했다고 합니다.

얼마 후 아내와 딸이 후쿠시마시의 중심부에 있는 '파세리 거리'에 들어가려는 순간 딸이 수십 미터 앞의 신호등 앞에 멈춰 있는 내 차를 발견했습니다.

딸: "아! 아빠 차다!"

아내와 딸이 급히 쫓아와서 조수석 쪽의 창문을 두들겼습니다.
그랬더니 나도 아내와 딸을 발견하고 옆을 보았다고 합니다.

그러나 아내와 딸 쪽을 본 내 얼굴은…… 마치 혼이 빠진 사람같이 무표정했으며, 그저 담담하게 차에 타는 아내와 딸을 바라 볼뿐이었다고 합니다.

차에 탄 아내와 딸이 더 놀란 일이 있었습니다.
내가 입고 있는 양복 안으로 파자마가 보였다는 것입니다.
바지 밑에도 파자마 바지를 입고 있었습니다.

아내: "어찌된 거예요? 안에 파자마를 입고 있잖아요!"
나: "괜찮아……." (느긋한 부정의 말투)

나는 복장의 부자연스러움을 전혀 느끼지 못하고 있는 듯했다고 합니다. 아내의 지적에 대해서도 놀라지 않고 그저 희미한 미소를 띠며 "괜찮아……"라고 부정할 뿐이었다고 합니다.

나: "그러면 도쿄에 가야 하니까……."

역으로 가겠다는 나, 그러나 나는 파자마 위에 양복을 입고는, 딸의 학원이나 지하주차장의 위치도 '모르겠다'고 말하는 나…….
아내에겐 공포 영화의 한 장면이었다고 합니다.

혼이 빠져나간 인간

아내와 딸은 정신이 아찔했다고 합니다.

나: "그런데 역이 어디더라? …… 역으로 가는 길을 모르겠어……."

거기는 내가 차로 몇백 번이나 다니던 길이며 후쿠시마역도 바로 옆에 정면으로 보이는 곳입니다.

아내는 순식간에 패닉에 빠졌습니다. 순간적으로 아내는 역 근처 시댁에 가서 의논해야겠다고 생각했습니다.

참고로 아내는 운전면허증은 가지고 있지만 보통 때는 좀처럼 운전하지 않습니다. 특히 눈길에서의 운전 경험은 전혀 없습니다.

당시 내가 이상한 언동을 하는 건 사실이었지만, 집에서 거기까지 운전해 온 것도 사실이며, 그 순간 적신호에서 제대로 서 있는 것도 사실이었기에 아내는 '이대로 바로 부모님 댁까지 어떻게든 운전을 해주기를 바랐다'고 합니다.

물론 지금 아내는 "절대로 운전을 계속하는 것이 아니었는데…, 큰 사고를 일으키지 않아서 천만 다행이었다"라며 반성하고 있습니다. 하지만 당시에는 뇌출혈로 의식조차 없는 상태였다고는 상상조차 할 수 없었을 것입니다.

아내: "운전할 수 있겠어요?"

나: "응……."

아내: "정말?"

나: "왜 그렇게 묻는 거야?"

아내: "그러면 부모님 계시는 집으로 가주겠어요?"

나: "……왜?"

아내: "왜라고 묻지 말고 여하튼 가요."

나: "나는 도쿄에 가야 하는데……."

아내: "안 돼요. 벌써 3시예요."

나: "그래?" (의문형)

아내: "2시 반 신칸센 열차를 탈 생각이었지요?"

나: "응……. 그래?"

아내의 증언에 의하면, 예정된 신칸센 열차에 이미 늦어버렸지만 그럼에도 조금도 서두르는 기색 없이 느긋한 어조로 멍한 눈초리로 "그래?"라고만 되풀이했다고 합니다. 나에게는 시간 감각이 없어졌던 것입니다.

아내의 공포심은 더욱더 커졌습니다.

아내: "어쨌든 도쿄에 가는 것은 다음으로 미루고 부모님 집으로 가요."

나: "왜?"

아내: "아무튼 가요."

나: "그렇지만 도쿄에 가지 않으면 남에게 폐를 끼치게 되는데……."

그래도 아직 책임감이라는 건 아직 남아 있었던 모양입니다.

아내: "안 돼요. 몸 상태가 좋지 않은데 도쿄에 갈 수 없어요!"
나: "신칸센 타고 자면서 가면 돼."

그래도 '신칸센은 잠자는 곳'이란 인식은 남아 있었던 모양입니다.

아내: "알았어요. 제발 부탁이에요. 부모님 계시는 곳으로 가요!"

아버지가 평소와 다르다는 걸 비로소 딸도 깨달았습니다.

딸: "아빠, 엄마가 시키는 대로 해요!"

딸에게 꾸지람을 듣자 비로소 순순히 그 말에 따랐다고 합니다. 그러나 이렇게 계속 중얼거렸다고 합니다.

나: "그런데 부모님 집이 어디더라?"

시간 감각뿐 아니라 공간 감각, 즉 지리적인 정보도 깡그리 잊어버린 것 같았습니다.
그러면서도 제대로 자동차를 운전하고 있었으며 적신호에서는 멈추고 좌우회전 깜박이도 작동하고 있었습니다. 나는 아내와 딸을 만날 때까지 내가 어디에 있는지, 어디로 가야 되는지 전혀 모르는 상태에서 운전을 계속하고 있었던 것입니다.

아내를 따라 5분 정도 운전하여 부모님이 사는 맨션에 도착했습니다. 아내와 딸이 함께 말하는 바에 의하면 다음과 같은 대화를 나눴다고 합니다.

나: "여기가 어디야?"

아내: "?"

나: "이런 주차장이 있었던가?"

아내: "우리가 빌려둔 그 주차장이에요."

나: "그래? … 어디에 세우면 되지?"

아내: "8번이요……. 우리가 빌려둔 곳이 8번이잖아요."

딸: "아빠, 매번 세우는 8번을 몰라요?"

나: "8번? …… 그런 것 처음 들었어……."

아내와 딸: "!!"

나: "…… 8번이 어디야?"

그렇습니다. 이번에는 주차 위치조차 완전히 까먹었던 것입니다. 심지어 보통 때 같으면 바로 세웠던 주차 공간에 차를 비스듬히 세운 그대로 차에서 내렸다고 합니다. 원래는 조금이라도 비스듬하면 다시 바로 세우는 난데……. 내가 얼마나 '딴 사람'이 되어 있었는지 알 수 있습니다.

차에서 내리고는 밑으로 파자마가 보이는 모습으로 딸에게 끌려가듯 부모님 집까지 걸어갔습니다. 딸은 이렇게 증언합니다.

"아빠가 어쩐지 오른쪽 발을 질질 끌고 있는 듯 비틀거렸어요."

그 모습을 보고 아내도 "왜 그래요? 발이 아파요?"라고 물었다고 하는데 나는 "응······."이라고 중얼거리기만 하고 별다른 대답을 하지 않았다고 합니다.

또 오른쪽 발을 끌며 비틀거리면서 걷고 있는 나는 아무런 짐을 가지고 있지 않으면서도 마치 오른쪽에 무거운 짐을 들고 있는 듯 몸 전체를 오른쪽으로 기울이고 있었다고 합니다. 그 모습은 분명 '혼이 빠져나간 인간' 바로 그것이 아니겠습니까!

병원으로, 그리고

끌려 들어온 내 모습을 보고 부모님은 '이건 이상하다'라고 바로 확신했다고 합니다. 소파에 주저앉아 부자연스런 모양으로 조는 것 같다가 갑자기 일어나서 "도쿄에 가야 돼!"라고 고함을 질렀고, 그러다가 다시 주저앉았다고 합니다. 아버지는 이렇게 회상했습니다.

"아무리 봐도 이상했다."

소파에 앉아 있는데 이번에는 내 가슴 주머니에서 휴대전화가 울렸다고 합니다. 그런데 전화를 못 받았다고 합니다. 가슴 주머니 단추를 못 열었기 때문이라고 합니다. 딸의 말은 더 가관입니다.

"결국 전화기를 꺼내더니 한다는 통화가, 평소처럼 이야기하는 것처럼 보이긴 했지만, 잘 들어보니 무언가 이상한 말만 하고 있었어요."

수술 후 의식이 돌아왔을 때 딸에게서 이 이야기를 듣고 놀라서 휴대전화 송신 이력을 봤습니다. 그랬더니 실제로 그 시간에 도쿄에 있는 어느 친구와 통화한 기록이 남아있었습니다.

후일 그 친구에게 '내가 이상한 전화를 걸지 않았나?'라고 물었더니 그친구가 이렇게 대답했습니다.

"예, 28일 저녁에 이이다 선생에게 걸려온 전화를 받았는데 '후쿠시마까지 와주세요'라고 했습니다. 내가 이유를 물었지만 무언가 이상한 말만하고 전혀 사정을 알 수 없었습니다. 처지가가 곤란했지만 어쨌든 이이다선생의 요청이므로 신칸센 급행열차를 탔습니다. 그런데 후쿠시마에 도착해 이이다 선생의 휴대전화에 몇 번이고 전화를 해도 연결이 되지 않았습니다. 결국 후쿠시마 역에서 5시간 가까이 기다렸지만 결국 연락이 닿지 않아 마지막 열차 편으로 돌아왔습니다."

그 친구에게 미안해서 죽고 싶을 정도였습니다. 친구에게 전화한 기억이 전혀 없을뿐더러, 그 친구를 후쿠시마까지 오게 할 이유도 전혀 없었습니다. 왠지 모르게 그 친구에게 전화를 해서 갈피를 잡을 수 없는 이상한 말을 지껄였을 뿐입니다. 당시 사정을 알고 난 친구는 모두 이해해 주었고, 통화 직후 수술을 받은 것을 알고는 무척 놀랐습니다.

또 부모님께서 나에게 "도쿄 관계자에게 연락을 해줄 터이니 이름과 전

화번호를 가르쳐줘"라고 말했지만, 나는 "…… 모르겠어……"라고만 대답
할 뿐 멍하니 있었다고 합니다. 부모님께서 무엇을 물으면 나는 그저 눈을
빤히 뜨고 아무렇지도 않은 표정으로 기계적인 답변만 했다고 합니다.

　부모님과 아내와 딸의 증언을 종합하면 나는 다음과 같은 상태였음을
알 수 있습니다.

- 눈은 뜨고 있었지만 '흐리멍텅'한 느낌의 얼빠진 눈초리였다.
- 무언지 모르게 졸리는 듯한 느낌으로 멍한 상태였다.
- 자기 쪽에서 무엇을 말하거나 묻는 일은 없었다.
- 누군가가 말을 건넨다든지 질문을 하면, 최소한의 단어로 기계적으
　로 답을 하든지, "응……"이라고 중얼거리는 것뿐이었다. (답을 한
　다든지 중얼거린 후에 계속해서 무엇인가를 생각하는 일은 없고,
　금방 했던 대화를 모두 잊어버리고 무심한 상태로 되돌아간 느낌이
　었다.
- 보기에는 '잠에서 깨어난 직후 아직 졸음이 오는 상태'와 닮아 있어,
　외견상으로는 생명의 위협이 있다고는 보이지 않았다.
- 자기 스스로가 기묘한 소리를 낸다거나 특이한 행동을 하는 일은
　거의 없었다. 단, 마치 '프로그램이 정해진 동작을 기계적으로 실행
　하고자 하는 로봇'처럼 '도쿄에 가겠다'라고 말하는 것뿐이었다. 환
　각 상태에 있는 것 같지는 않고 대범한 느낌의 무표정으로 아무것
　도 생각하고 있지 않은 것처럼 보였다.
- 머리가 아픈 것 같은 기색은 전혀 보이지 않았다.

- 시간 감각이 없어진 것 같았으며, 시간에 관한 질문을 해도 "응……"이라고만 답할 뿐 이해를 할 수 없는 것 같았다. '도쿄에 가 겠다'라고 말하면서도 전혀 서두르는 기색이 없이 태평했다.

아무튼 뇌라고 하는 것은 속을 볼 수 없으므로 부모님이나 아내와 딸이 그때 나의 뇌에 대량의 출혈이 번지고 있다고는 꿈에도 생각하지 않았던 것은 무리가 아닙니다. 나는 분명 언동이 부자연스럽기는 하지만 전혀 아파하지는 않았으므로, 부모님이나 아내와 딸도 "바로 구급차를 부르지 않으면 안 되겠다"까지는 생각하지 않았습니다.

그래서 아버님은 바로 집 앞에 있는, 언제나 신세를 지는 병원에 나를 데리고 갔습니다.

의사 선생님은 나를 진찰하고 아버님과 아내의 이야기를 듣자마자 "즉시 큰 병원에 데리고 가서 CT를 찍도록 하세요!"라고 했다고 합니다. CT 즉 '두부 CT 스캔'이라는 것은 X선으로 머릿속(뇌의 상태)을 투영하여 단층 촬영을 하는 기계를 말합니다.

의사 선생님이 써준 긴급검사를 위한 소개장을 손에 쥐고 나와 아버님과 아내는 자동차로 5분 거리에 있는 큰 병원까지 의사 선생님이 불러준 구급차를 타고 이동했습니다. 구급차는 내부가 넓어 나는 휠체어에 앉은 채로 구급차에 탈 수가 있었다고 합니다.

구급차 안에서 나는 토했다고 합니다. 이는 나에게는 무척 특이한 행동이었습니다. 왜냐하면 나는 '토한다'는 행위를 해본 일이 없는 사람이기 때문입니다. 술을 무리하게 마시던 대학생 시절에도 "토해야 편해진다"라는 선배의 권유에도 토할 수 없었을 정도였으니까요.

병원에 도착하자마자 휠체어에 앉은 채 응급실 입구로 들어갔습니다. 즉시 이동식 침대로 옮겨져 옆으로 눕게 된 나는 CT 검사를 받았던 모양이지만, 그 기억도 나에게는 전혀 남아 있지 않습니다. 퇴원 후 CT 검사를 위해 그곳을 다시 방문했지만 나에게는 다 처음 보는 광경이었습니다.

CT 검사의 결과는 심각한 상태였습니다. 머릿속에는 상당한 출혈 영상이 찍혀 있었습니다. 의료진들이 갑자기 분주하게 움직이기 시작했으며 주위가 소란스러워졌다고 합니다.

다시 구급차가 동원되어 뇌수술 시설이 갖추어진 다른 병동으로 이송되었습니다. 구급차로 10분 정도 떨어진 그 의료센터는 후쿠시마에서 가장 대규모 민간 구급시설입니다. 구급차에는 신경내과 의사 선생님과 간호사가 동승했다고 합니다.

나에게는 그 의료센터로 옮겨진 기억도, 수술을 받은 기억도 전혀 남아 있지 않습니다. 그러나 가족이나 의료진들의 후일담에 의하면 다음과 같은 일이 있었던 모양입니다.

병동에 도착하자마자 다시 CT 검사를 받았고, 결과를 본 의사 선생님은 경악했습니다.

"빨리 수술하지 않으면 이대로 호흡이 멈춰버립니다!"

가족은 그 순간 '심장이나 폐의 병이 아니라 뇌의 병인데 왜 호흡이 멈추는 것일까?'하고 놀랐습니다. "출혈한 혈액에 의해 뇌의 호흡 중추가 손상되기 때문입니다"라는 의사의 설명에 파랗게 질려버렸다고 합니다.

나중에 알게 됐습니다만, 당시 내 뇌수술을 담당한 선생님은 센다이㈜ 市 국립 도호쿠 대학 의학부 부속병원에서 오랫동안 뇌수술을 경험한 베테랑으로, 뇌수술(경엽형 골동하수체 종양수술)에서는 1,000번 이상의 일본에서 가장 많은 성공 사례를 자랑하는 대단한 명의였습니다. (실제로 도호쿠 대학 의학부는 일본의 의학 연구기관에서 톱클래스로 유명합니다). 그 의사는 최근에 이 병원으로 오게 됐다고 합니다.

더욱이 이 클래스에 드는 의사 선생님은, 소위 말하는 당직 근무를 할 때가 대단히 드문 모양입니다만, 내가 구급차로 이송되어 왔을 때가 마침, 바로 그 드문 당직 근무를 하고 있던 시간이었다고 합니다.

그 명의는 수술 후에 의식을 되찾은 나에게 호쾌하게 웃는 얼굴로, 그러나 진지한 어조로, 이와 같이 가르쳐주었습니다. 말씀하신 그대로 소개합니다.

"당신은 요단강을 막 건너고 있었습니다. 만약 조금만 늦었으면 뇌의 호흡중추가 손상되어 숨이 멎어버렸을 겁니다…… 당신은 정말 구사일

생했습니다. 특히 나 같은 전문가는 당직을 하지 않는데, 내가 당직하고 있을 때 왔다는 건 정말로 행운이었습니다…. 당시 내가 멀리 있어서 30분이라도 수술이 늦었다면 당신은 요단강을 건너고 말았을 겁니다."

　잠시 할 말을 잃었던 나는 그 말의 의미를 더욱 상세하게 물어봤습니다. 여기에는 상세히 적지 않았습니다만, 100㏄가 넘는 대량의 출혈이었다고 듣는 순간, "무사히 돌아온 것은 정말 하늘이 도운 일이었구나"라는 생각이 들었습니다.

　내 수술을 위해 최적인 명의가 일부러 날짜와 시간을 맞추어 좀처럼 없다는 당직까지 하면서 언제든지 나를 수술할 수 있도록 기다리고 있었다고밖에 생각할 수 없었습니다. 정말 기적 같은 행운이 아닐 수 없습니다.

부활

새해가 되었고 우리는 기쁨으로 가득 차 있었습니다.

마비 같은 후유증도 없고 의식도 정상이어서, "이대로 시간만 지나면 원상태로 회복될 것입니다"라는 진단을 받았습니다.

뇌출혈도 그 양이 100cc를 넘는다는 건 대단히 위험합니다. 그런데 수술 후 후유증도 전혀 없고 원상태로 회복된다니…… 그 기쁨은 실제로 뇌외과에서 두개골을 열어보지 않은 사람은 알 수 없습니다. 뇌수술은 그만큼 위험합니다. 어떤 수술도 절대 안전이란 있을 수 없지만, 뇌수술은 한치의 오차가 곧 생명의 위기나 심각한 후유증으로 직결되기 때문입니다.

내 몸을 걱정해주신 분들이 안심하길 바라며 홈페이지에 새 글을 게재했습니다.

1월 8일 판

안녕하셨습니까?

겨우 이 세상에 되돌아왔습니다.

12일 동안 걱정을 끼쳐 대단히 죄송합니다.

나에게는 28일에 일어난 '이 세상'에서의 기억이 전혀 없습니다. 100cc를 넘는 대량의 뇌출혈로 의식장애가 일어나 구급차로 큰 병원에 실려가 긴급하게 개두 수술을 받았다고 합니다. 수술 후에 의식이 돌아왔을 때 나의 첫 말은 "간호사님, 여기가 어딥니까? 왜 내가 여기에 있지요? …."라는 것이었습니다.

의사 선생님의 말에 의하면 저승으로 가는 "삼도三途의 강을 건너고 있었다. 조금만 더 늦었어도 뇌의 호흡중추가 손상되어 숨이 끊어져 죽었을 겁니다. 막바지 한계점에서 되살아 났다. 바로 뇌 외과의 베테랑 전문의인 내가 당직이었으므로 정말 행운이었다…. 내가 당직을 보는 일은 잘 없는 일인데…… 만약 다른 곳에 있다가 뛰어 왔다면 도저히 그 시간 내에 올 수가 없었을 텐데" 등 겁나는 이야기가 많았습니다.

일본을 대표하는 뇌 외과 명의 중 한 분인 ○○선생님이 (나 정도 클래스의 의사가 되면) 이젠 잘 하지 않는 드문 '당직' 시간에 바로 내가 구급차로 실려 온 것이 최대의 행운이었다고 합니다. 더욱이 그 ○○선생님이 '내가 행한 수많은 수술 중에도 최고 레벨의 성공사례'라고 말할 정도로 수술은 대성공이었다고 합니다.

또한 바로 작년 가을에 후쿠시마에서 행한 홋카이도, 도호쿠 지구 간호연구학회 총회에서 내가 기조강연했던 적이 있었는데, 여기에 있는 많은 간호사가 내 강연을 듣거나 내 책을 읽었던 것입니다. "이이다 선생님의 책은 전부 읽었습니다"라고 말하는 간호부장님이나, 그 큰 병원의 원장 선생님까지 일부러 인사하러 오기도 해서 극진한 간호를 받을 수 있었습니다.

그 후 관계자 여러분이 기적적이라고 할 만큼 아무런 후유증도 남기지 않고 의식도 정상적인 상태로 점점 회복되어 이대로 순조롭게 가면 이달 말에는 다행스럽게도 수술 전과 같은 상태……아니, 한 달 간을 쉰만큼 수술 전보다 더 활기 넘치는 상태로 되돌아갈 수 있을 겁니다.

그렇다 하더라도 그렇게 대량의 뇌출혈로 거의 반 죽게 되었음에도 불구하고 바로 드물게 당직을 하고 있던 뇌 외과의 명의에 의한 수술의 대성공과 극진한 간호에 의한 기적적이라고까지 말하는 회복에 의해서 마비 증상도 없이 정상적인 의식으로 지금 이렇게 문장을 쓰고 있다는 이 행복…….

이것은 분명 여러분이 내 영혼과 육체를 위해서 정성껏 기도해준 결과임이 틀림없습니다. 이 자리를 빌려 세계 여러 곳에서 응원해주는 애독자 여러분에게 진심으로 감사드립니다.

또한 내 영혼이 육체를 떠나 있는 동안 체험한 굉장한 배움의 여행에서의 체험담, 그리고 드디어 만나게 된 '극한까지 눈부신 빛'과의 대화는 여기서 간단히 쓸 수 있을 정도의 내용이나 분량이 아닙니다. 언젠가 책으로 상세히 발표할 것이므로 기대하시기 바랍니다(그런 의미에서 이번의 내 병도 나의 '사는 보람론'을 더욱 연마하기 위해 필요한 '순조로운 체험'이었던 것입니다. 아무튼 임사ニ臨死체험을 하기 위해서는 실제로 죽어볼 필요가 있지 않겠습니까!).

…휴…여기까지 쓰는데 40분(수술 전의 10배) 이상 걸려서 아주 파곤해졌습니다.

집필 속도를 회복하기 위해서는 아직도 많은 시간이 소요될 것 같습니다…….

그러면 또 침대에 누워서 오로지 수면, 수면…… 지금은 되도록 뇌를 쉬게 하여 푹 자는 것
이 제일 좋은 약이니까…….

안녕히 주무세요…….

…… 아! 참, 잊었습니다…….

"여러분 새해 복 많이 받으세요!"

이렇게 나는 이 물질세계로 되돌아왔습니다.

내가 무사히 생환할 수 있었던 것도 나의 회복을 빌어주신 세계 각지
의 독자들의 기도의 힘 덕분입니다. 실제로 기도의 메시지나 부적 등을,
심지어 해외에서도 많이 받았습니다.

'기도'에는 힘이 있다……. 이를 나는 내 체험을 통해 확신할 수 있습
니다.

우리를 지켜주고 인도해주는 '빛의 존재'가 정말 실존한다는 것
을…….

그 '체험'이란 도대체 어떤 것이었을까?

그 '체험'의 모든 것을 제2장에서 전하겠습니다.

제2장

12월 28일

정신세계에서 일어난 일

물질세계의 육체적 의식, 즉 기억은 전술한 바와 같이 수술 전날, 2005년 12월 27일 오후 8시 넘어 10시경 어느 시점, 즉 아내와 딸이 아직 1층 거실에 있던 시점에서 끊어져 있습니다. 그다음에 물질세계에서 육체적인 의식을 되살린 것은 24시간 후, 즉 수술이 끝나고 얼마 지나지 않은 시점이었습니다.

그렇다면 그동안 나는 어디서 무엇을 하고 있었을까요?

모든 의미에서 그 24시간의 의식이 전혀 없기에, 전혀 아무 것도 기억하지 못하는 것일까요?

그렇지 않습니다.

사실 나에게는 그동안의 기억이 생생하게 남아 있습니다.

지금도 눈앞에 선명하게 그릴 수 있는 기억입니다.

단, 그 기억은 '물질세계에서의 육체적 의식으로서의 기억'은 아닙니다.

'정신적 세계에서의 의식', 즉 '영혼'으로서의 기억입니다.

지금까지 이 책의 제1장에서는 일반적으로 통상 사용되는 '물질세계에서의 육체적 기억'이라는 의미로 '기억'이라는 말을 쓰고, "28일의 기억은 아무 것도 남아 있지 않다."라고 말했습니다.

하지만, 일반적이지는 않지만, 영적Spirituality인 표현으로 사용하는 '정신세계에서의 의식', 즉 '영혼으로서의 기억'이라는 의미로 '기억'이라는 말을 쓴다면, 일변하여 나에게는 구체적이고도 선명한 기억이 확실히 남아 있는 것입니다.

이 장에서는 나에게 남아 있는 '영혼으로서의 기억'에 대한 모든 것을 일종의 다큐멘터리, 즉 사실 그대로 소개하겠습니다. 여러분도 마음을 열고, 순수하게 있는 그대로의 영혼이 되어 읽어주면 고맙겠습니다. 분명 여러분의 눈앞에 마치 자신이 체험하고 있는 것과 같은 환상이 선명하게 전개될 것입니다.

육신을 떠나다

문득 정신을 차리니 나는 내 육신을 내려다보고 있었습니다.

내가 어떻게 육체에서 빠져나왔는지는 기억이 없습니다. 정직한 증언입니다. 소위 말하는 '임사체험'의 증언에서는 "머리에서부터 슬그머니 빠져나왔다"는 표현이 많지만, 나에게는 빠져나왔을 때 기억은 전혀 없습니다.

구체적으로 묘사할 수 없는 것이 유감스럽습니다. 물론 다른 사람의 사례로 꾸밀 수도 있겠지만, 이 책은 '소설'이 아니라 '사실 보고'이므로 여기에서는 정직하게 없는 것은 '없다'라고 말씀드리겠습니다.

그래서 문자 그대로 "문득 정신을 차리니 빠져나왔습니다."라고 말하고 있습니다. 하지만 이미 나는 인간의 정체正體는 '육체에 연결되어 있는 의식체', 즉 속된 말로 '영혼'이라는 것을 과거 여러 체험(《사는 보람의 창조 II》를 참조)을 통해 알고 있었으므로 별로 개의치 않고 담담하게 그 사실을 받아들입니다.

이상하게도 그때 나에게는 '왜?'라는 의문이 전혀 떠오르지 않았습니다. 이 세상의 상식으로 생각한다면 "왜 나의 영혼이 육체에서 빠져나왔을까?"라는 의문이 떠오를 것 같은데, 그때 나는 오히려 "좋아, 이것으로 예정대로 순조롭게 육신을 떠날 수가 있구나……. 자, 그러면 출발이다!"라고 표현할 수밖에 없을 정도로 이상한 만족감에 젖어 있었습니다.

물질세계를 날아다니다

모든 존재와의 '연결'

당시 아직 나는 물질세계에서의 시간과 공간의 감각으로 자기라는 존재를 파악하고 있었습니다. 그래서 우선 가장 가까이에 있을 아내와 딸이 있는 곳으로 '가보자'고 생각했습니다.

그랬더니 그 순간에 나는 내 집의 1층 거실에 존재하고 있었습니다. 그것은 '간다'거나 '이동'한다고 하는 시간과 공간(또는 거리)의 감각을 수반하는 것이 아니었으며, 이른바 '순간이동'이라는 감각과도 다른 것이었습니다.

이른바 '순간이동'이라는 것은 '전 순간에는 A지점에 있다가 그다음 순간에 B지점에 있다'는 현상을 의미하고 있으며, 역시 '시간'과 '공간'(거리)의 감각을 남긴 표현이 됩니다. 그러나 내가 경험한 현상에는 '순간'이나 '이동'이라는 감각조차 전혀 없었습니다.

그것은 '시간'과 '공간'의 개념을 수반할 수밖에 없는 물질세계의 언어로는 결코 표현할 수 없는 현상이었습니다. 그러나 무리라는 것을 인정하고 문필가의 말석을 차지하는 사람으로서 어떻게든 언어로 표현하고자 노력한다면 다음과 같이 표현할 수 있습니다.

"내 영혼은 동시에 모든 존재와 '연결'되어 있었습니다."

즉 나는 내 방의 침대에 누워 있는 자신의 육체 위에 떠 있으면서 동시에 '아내와 딸'을 의식하고 1층의 거실에도 존재하고 있었습니다. 비록 얼마 되지 않는 짧은 시간일지라도, 또 얼마 되지 않는 거리일지라도 결코 '시간'을 들여 '이동'했다는 감각은 아니었습니다. 나는 육체에서 떠남으로써 '시간'과 '공간'의 개념에서 이미 해방되어 있었던 것입니다.

나는 내가 지구의, 그리고 우주의 모든 존재와 '연결'되어 있으며, 전혀 시간을 들이지 않고 어디에나 의식을 향하게 할 수 있다는 것을 알게 되었습니다. 그렇습니다. 나는 A지점과도 B지점과도 또 다른 모든 지점과도 '연결'되어 있어서, 단순히 어느 지점에 '의식을 향하게 하느냐'의 문제뿐이라는 것을 이해하게 되었습니다.

여기서 말하는 '존재'라는 것은 장소, 인간, 인간 이외의 생명, 형태를 가지지 않는 여러 가지 의식, 그리고 생명 이외의 온갖 존재를 지칭하는 것이며, 말하자면 '우주에 존재하는 모든 것'을 표현하고자 합니다.

임사체험자의 증언에서 "육체를 떠난 후 사랑하는 가족이 있는 곳으로 갔습니다"라는 표현을 흔히 볼 수 있습니다. 이것은 어디까지나 이 물질세계의 '시간'과 '공간'(거리)의 개념을 써서 설명하고자 하는 것일 뿐 정확한 표현은 아닙니다.

그래서 문필가이면서 연구자이기도 한 내가 조금이라도 정확한 표현에 찾는다면 그것은 "내 영혼은 동시에 여러 가지 존재와 '연결되어' 있습니다"라는 말입니다.

그런데 육체에서 떨어져 모든 존재와 '연결되어' 있는 나는, 모든 존재와 이미 '연결되어' 있기 때문에, 어떤 존재와도 즉시 '연결될' 수 있었던 것입니다. 역설적인 표현이지만 역설만이 비교적, 그리고 감각적으로 가장 정확한 표현입니다.

그러나 이와 같은 역설적인 표현만 사용한다면 무엇이 문제인지 모르는, 읽기 힘든 철학서나 물리학서처럼 느낄 수 있습니다. 그래서 이 책에서는 '시간'과 '공간'의 감각을 수반하는 표현을 최소한으로만 사용하며, 독자가 알기 쉬운 문장으로 가공해 보겠습니다.

앞으로 이 책의 표현에서 "이상하다! 시간과 공간의 관념이 없는 세계에서 일어난 사건일 텐데, '우선'이라든가, '그 후'라든가, '내 주위에는' 등의 표현이 나오는 것은 모순이 아닌가?"라는 등의 의문을 갖지 않도록 당부 드립니다. 어떻게든 그런 표현을 사용하지 않으면서 정신세계에서의 체험을 알기 쉽게 전달하는 것이 불가능하기 때문입니다.

자! 그래서 집 1층에 있는 아내와 딸과의 '연결'에 의식을 돌린 나는 아내와 딸에게 미소를 보냈습니다. 실제로는 육신의 얼굴은 없었지만 '미소

짓는다는 감정'을 '보낸' 것입니다.

동시에 나는 후쿠시마역 근처에 살고 있는 부모님이나 히로시마에 살고 있는 동생을 생각하며, 이번 생에서 깊게 '연결'되어 있는 영혼들(사람들)에게도 의식을 돌렸습니다. 이 영혼들은 각각의 장소에서 제각기 일상생활을 하고 있었습니다. 나는 그들을 향해 각각 감사와 격려의 메시지를 전했습니다.

임사체험자는 간혹 '가족이나 친구들에게 날아갔습니다'라고 표현합니다. 하지만 정확하게는 그저 '그런 감각이었다'는 것뿐이며, 실제로 '영혼이 공중을 날아다니'는 것은 아닙니다. 영혼은 이미 공간(거리)의 개념에서 해방되어 있으므로 '모든 존재 의식에 자유자재로 연결할 수가 있다'라는 의미입니다.

또 지금 생각해 보니 재미있었던 것은, '영혼'으로 되돌아가면 모든 '연결'의 의미가 분명하게 보였다는 것입니다. 예를 들면 현재 가족이나 친구 또는 경쟁 관계에 있는 사람들이 나에게 얼마나 소중한 관계였는지를 잘 알게 됩니다.

더욱이 정도의 차가 있기는 하지만, 각각의 다른 영혼과 내 영혼이 지구상에서 보낸 몇 번의 과거(인생)에서의 관계까지 흥미롭게 알 수 있었습니다. 이번 인생에서는 만나지 못했던 사람 중 과거의 인생에서 깊은 관계가 있던 영혼이 내부에 숨어서 존재하고 있음을 알 수 있었습니다. (이 내용을 쓰는 것만으로도 한 권의 책이 될 정도로 드라마틱하지만, 관계자 외의 독자에게는 중요하지 않은 내용이라 생략했습니다.)

이러한 관계를 알아도 별로 '놀랐다'는 것이 아니라 그저 담담하게 '그래, 그렇군!'이라는 감각으로 있는 그대로 모든 관계를 받아들일 수 있었습니다. 각각의 영혼과의 관계에 관해 '싫다'든가 '잘했다! 기쁘다!'와 같은 깊은 감정의 움직임이 일어나는 것도 아니라, 순수하게 각각의 영혼과의 관계의 중요성을 인식하고 "그렇구나, 알겠습니다" 하고 순순히 받아들인다는 감각입니다.

처지나 환경이나 주소도 전혀 다른 여러분(내 책을 애독하는) 중에 나와 깊은 관계가 있는 영혼이 많이 있다는 것을 알게 되어, '그렇군, 그런 것이었군.' 하고 어느 정도 감정적인 움직임이 있었던 것도 사실입니다. 내 책을 애독해주는 여러분은 각기 내 영혼과의 관계 속에서 나름대로 이유를 가지고 있다는 것을 알게 되어, 나는 저자로서 감명을 받았으며 깊은 감사의 마음을 가졌습니다.

'순진무구한 영혼'으로의 회귀回歸

흥미로운 일화를 몇 가지 소개하겠습니다.

수술 후 동생이 전화로 물었습니다.

"형이 영혼으로 나를 방문했을 때 나는 무엇을 하고 있었어?"

하지만 동생이 어디서 무엇을 하고 있었다는 기억은 거의 남아 있지 않았습니다. 좀 더 정확하게 표현하자면 '기억이 없다'기보다는 "동생이 어디서 무엇을 하고 있다는 것에 전혀 흥미가 일어나지 않았다"고 표현하는 것이 적절합니다.

나는 분명 히로시마에 사는 동생에게 의식을 돌려 동생과 연결하면서 감사의 메시지를 보냈습니다. 그러나 그때 동생의 모습은 '무언가를 하고 있는 동생의 얼굴이나 모습이 중심에 보이고, 그 주위의 경치는 희미하게 흐려져 있다'는 느낌이었습니다. 동생이 어디에 있으며 무엇을 하고 있는가의 문제는 그때의 나에게는 아무런 상관이 없는 일이었습니다. 따라서 예를 들어 동생이 화장실에 앉아 있든, 발가벗고 목욕을 하고 있든, 누군가를 부둥켜안고 있든, 그런 물질세계적인 현상이나 행위는 영혼인 나에게는 '전혀 흥미 없는 일'이었고, 단지 '어디선가에서 무엇인가 하고 있는 동생의 영혼과 의식을 연결한다'는 사실만이 의미 있었습니다.

이 발견은 물질세계에서 살고 있는 우리에게 흥미로운 사실을 가르쳐 줍니다. 그것은 '영혼의 모습으로 되돌아간 존재에게는 물질세계의 우리가 '어느 순간'에 행하고 있는 '물리적 행위 등은 전혀 중요하지 않다'라는 것이며 '누군가의 영혼이 나를 보고 있지 않을까?' 하는 걱정은 전혀 할 필요가 없다는 것입니다. 바꾸어 말하면 우리는 "지금 이런 모양으로 이런 장소에서 이런 상대와 이런 부끄러운 짓을 하고 있는 모습을 죽은 그 사람의 영혼이 본다면 어떻게 하나?" 등으로 걱정할 필요는 전혀 없습니다.

또 한 가지, 동생이 '어디로든지 자유롭게 갈 수 있다면 형이 좋아하는 '모닝구 무스메'의 멤버라든지 좋아하는 여배우가 있는 곳으로 날아가서 목욕하는 광경을 훔쳐볼 수도 있지 않았을까?라고 농담했을 때 나는 새로운 걸 깨달았습니다.

분명, 이치상으로는 모습이 보이지 않는 영혼의 상태에서 만나고 싶은 사람이 있는 곳으로 자유자재로 날아가 그 사람의 수줍은 모습을 보면서 즐거워할 수도 있을 듯합니다. 말하자면 '투명인간' 같은 모습을 악용해서 극비 정보를 훔쳐본다든지 범죄 비슷한 행위를 할 수도 있을 것 같습니다.

그러나 실제로 경험한 내가 단언할 수 있는 것은 영혼의 상태로 되돌아가면 그런 속된 번뇌는 완전히 흥미를 잃어버린다는 것입니다. 따라서 '좋아하는 여가수의 나체를 보고 싶다'라는 욕망은 전혀 생기지 않으며, 나쁜 짓을 하고 싶은 생각도 전혀 일어나지 않습니다. 그런 욕망은 완전히 이 물질세계에서 인간으로서 살아가기 때문에 생기는 번뇌입니다. 육체를 떠나 영혼의 모습으로 되돌아간 순간에는 모든 인간적 욕망에서 우리는 해방됩니다. 그렇게 '노여움, 증오, 질투심, 혐오감' 등의 마이너스 감정을 모두 잃고 우리는 '사랑, 정의, 사명감'과 같은 플러스의 감정만으로 충만해집니다. (애초 영혼의 모습에 되돌아가면 '성별'을 잃게 되므로 '여성의 나체를 보고 싶다'는 등의 흥미가 일어날 이유가 없지 않겠습니까?)

이런 사실을 깨닫자 "아아! 이런 짓도 하고 싶은데!"라고 욕망에 사로잡히는 것은, 우리가 물질세계에서 '욕망'을 통해 배울 것이 있기 때문입니다. 우리 본래의 모습, 즉 '영혼'이라는 영적인 존재로 돌아가는 순간 그런 동물적인 욕망은, 다행인지 불행인지 깨끗이 없어집니다.

따라서 영혼인 상태에서 여러 사람의 의식과 '연결'된 나는 좋아하는 사람이든 싫어하는 사람이든 이번 인생에서 '인연'이 있던 모든 사람을 향해 감사도 하고 사과도 하고 격려도 하면서 순수한 '사랑'의 마음을 보낼 수 있었습니다. 육체로 살 때 비록 많은 사람을 배신하고 상처를 주었더라도 막상 죽음을 맞이하여 '영혼'의 모습으로 돌아가면, 사랑이 충만한 본래의 성격으로 되돌아가 모든 존재에 감사하고 겸허하게 사죄할 수 있는 것입니다.

단 당시에는 왠지 '이것으로 이번 인생을 마치고 죽는다'라는 생각은 들지 않았기 때문에, 많은 사람과 연결하여 감사의 마음을 보내면서도 '다시 만날 수 있으니까'라는 느낌도 강하게 느끼고 있었습니다. 만약 내가 이번 인생을 마치고 죽어가는 운명에 있었다면 아마도 나는 인연이 있었던 많은 사람을 향해 '이번 인생의 이별'을 고하는 인사를 했을 겁니다. 그러나 그때의 나는 왠지 '잠깐 여행을 다녀오겠습니다!' 하는 느낌의 짧은 메시지를 보냈을 뿐입니다. (이 수수께끼는 후반부에 풀립니다.)

'궁극의 빛'과 만나다

극한까지 눈부신 빛

가족이나 친구들과 연결되고 모든 존재와 연결되어 있음을 깨닫는 순간, 내가 감사해야할 많은 분에게 깊은 감사의 뜻을 한순간 동시에 보냈습니다. 물론 그중에는 내 책을 읽어준 분들도 포함되어 있었습니다. 이때 깨달은 것 중 중요한 것이 있습니다.

"나를 비판하거나 좋아하지 않는 분들에게도 같은 감사의 뜻을 보내지 않으면 안 된다."

정직하게 말씀드리면 물질세계에서 이이다 후미히코라는 사람으로 생활하고 있을 때는 나를 공격하는 사람들에게 감사하는 것은 굉장히 어려운 일이었습니다. 그러나 영혼으로 되돌아온 나는 아주 자연스럽게 그런 사람들에게까지 감사할 수 있었습니다.

영혼의 모습으로 되돌아오면 완전히 트랜스퍼스널Trans-personal한 상태, 즉 '의식이 개인을 넘어 넓게 퍼져나간 상태'가 됩니다. 각각의 사람들이 왜 나를 공격하는지, 그 사정이나 이유를 모두 이해할 수 있기 때문입니다.

그들이 나를 공격하는 이유를 깨닫는 순간, "아아, 그랬군요……. 그렇다면 그 처지에서는 나를 공격할 수밖에 없었겠네요……. 당신의 사정을 잘 알았습니다"라고 오히려 그 사람들의 환경에 공감하며, 놀라울 정도로 겸허한 마음으로 그들에게 사과하거나 감사할 수 있었습니다.

물론 내 책에 공감해주고 응원해주는 분들과는 더더욱 깊고도 강하게 연결할 수 있었습니다. 여러분이 각각의 방법으로 내 책을 활용해주는 모습을 확실히 알게 되어 나는 영혼의 모습으로 감격의 눈물을 흘렸습니다. (물질적인 눈물은 아니었지만 그 이상으로 진심이었던 정신적인 눈물, 즉 마음의 눈물이었습니다.)

그리고 그 순간, 마치 내가 눈부신 빛을 발하면서 대폭발하여 순간적으로 우주 전체까지 퍼져나가는 듯한 감각에 사로잡혔습니다. 그리고 동시에 전혀 다른 차원, 즉 영혼세계로 연결되는 것을 깨달았습니다. 알기 쉽게 물질적인 언어로 표현하자면, '다음 순간 나는 내 스스로가 빛이 되어 점점 눈부시게 빛나는 것을 느꼈으며, 정신을 차려보니 이 물질세계와는 전혀 다른 어딘지 다른 세계로 이동하고 있었습니다.'

거기는 부드럽고 온화한 빛이 가득한 굉장히 편안한 세계였습니다. 아마도 불교도인 분은 불교적인 이미지로, 또 기독교도인 분은 기독교적인 이미지로, 지금 막 끝내고 온 인생에서 경험했던 가장 좋은 환상을 느낄 수 있을 것입니다. 그러나 나는 어느 특정한 종교의 신자가 아니라, 종교적인 이미지에 대해서도 잘 모르므로 구체적인 비전은 특별히 떠오르지

는 않았습니다. 건물도 없고 꽃밭도 보이지 않았으며 시냇물이 흐르고 있
는 것도 아니며 부처님이나 예수님이 마중 나온 것도 아니었습니다.

　구체적인 비전은 떠오르지 않았지만 나에게는 그곳이 굉장히 좋은 곳
이며, 종교에서 말하는 '극락'이나 '천국'과 같은 세계라는 것을 아주 자
연스럽게 이해할 수 있었습니다. 그저 그곳에 있는 것만으로도 영혼으로
서의 내 에너지가 충만한 듯한 기분이 들었기 때문입니다. 그곳을 간단하
게 표현한다면 '영혼의 에너지로 충만한 세계'라고밖에는 표현할 수 없습
니다. 물질적인 표현을 빌린다면 그곳에 떠 있는 것만으로도 점점 원기가
왕성해지고 배가 부르고 목마름이 치유되고 행복한 기분으로 충만한, 그
런 감각의 세계였습니다. (물론 이미 육체를 가지고 있지 않으므로 배가 고프다거
나 목이 마르지는 않겠지만 말이죠.)

　내가 어느 시간 정도 거기에 떠 있었는가에 대해서는 표현할 길이 없
습니다. 직선으로 나아가는 '시간'이라는 감각을 잃었기 때문입니다. '거
기에 떠 있었다'라는 표현도 사실은 적절하지 않습니다. 상하좌우, 즉 '공
간'이라는 감각도 잃었기 때문입니다. 다만 여러분에게 이미지를 전달할
수 있도록 '거기에 떠 있었다', '문득 정신을 차리고 보니', '내 앞에'와 같
은 물질적인 표현을 사용하고 있을 뿐입니다.

세 가지 자기 평가

문득 내 앞에 엄청나게 눈부신 빛이 나타났습니다. 좀 더 정확하게 표현한다면, '나는 어떤 힘에 의해서 내 파조波調를 훨씬 넘는, 상상을 초월하는 높은 파장의 차원에 연결되어 있었습니다.' (물론 이런 표현만 되풀이할 수는 없기에, 앞으로는 좀 더 쉽게 서술하겠습니다.)

그 빛의 파조는 놀라울 정도로, 굉장히 높았습니다. 그 빛이 바로 '궁극의 빛'이라고밖에 부를 수 없는 유일무이한 존재처럼 느껴졌습니다. 영혼으로 있는 나에게 육체적인 '눈'은 없었지만, 만약 눈이 있었다면 너무나 눈이 부셔 눈을 뜰 수 없을 정도였습니다. (물리학 용어 중 파장(波長)이라는 단어가 있습니다. 하지만 정신세계의 경험을 서술하기에 의도적으로 '파조波調'라는 용어를 써서 구별했습니다).

나는 빛을 향해 물었습니다.

나: "당신은…."

그 빛은 단지 미소를 짓고 있는 듯 느껴졌습니다.

나: "왜 당신은 이렇게 저를 연결한 건가요?"
(물질세계적으로 표현한다면 '왜 저를 불렀습니까?'라는 물음이 될 것입니다)

그 '궁극의 빛'은 이렇게 말을 건넸습니다.

빛: "네가 원했기 때문이야."

전에 내 책《사는 보람의 창조Ⅱ》에서도 설명했지만 빛이나 영혼이 물질세계적인 '음성'을 내어 귀의 고막을 진동시키는 것은 아닙니다. 마음속에 '정보의 덩어리'를 건네주는 것에 불과합니다. 인간의 언어로는 그 정보를 빛의 언어光語 또는 '우주어'라고밖에는 부를 수 없습니다. 인간의 언어로는 표현할 방법이 없습니다.

예를 들면 '빛'이 나를 '너'라고 낮추어 부르고 있는 것은, 내가 '빛'으로부터 느낀 위엄이나 두려움 같은 숭고한 감정을 내 나름대로 인간의 언어로 번역하여 나를 낮춘 것이며, 실제로 '빛'으로부터 '너'라는 단어가 '귀에 들려온 것'은 아닙니다. 이것을 이해하지 않으면 "빛은 인간을 '너'라고 부르는가?, 대단히 높은 사람인 것처럼 부르네?" 또는 "빛이 어떻게 인간의 언어를 할 줄 알아?" 등의 엉뚱한 오해를 할 수도 있습니다.

바꾸어 말하면 '너'라는 부름은 내가 '빛'으로부터 느끼는 숭고한 이미지로 나를 낮추어 부르는 언어로 바꾼 것이므로 '당신', '이이다 군', 또는 '이이다 씨'나 이름인 '후미히코 씨' 등 다른 것으로 바꿔도 상관없습니다. 어쨌든 빛이 나를 부르는 말에 나는 내가 느낀 기분에 따라 '너'라는 단어를 써가며 기술하겠다는 것을 이해해주기 바랍니다.

나: "제가요?"

빛: "그렇다. 네가 태어나기 전부터 이미 바랐던 것이야."

나: "…… "

당황해하는 나를 향해서 '궁극의 빛'은 장난기 있는 상냥한 표정으로 가르쳐주었습니다. (여기서 내가 '표정'이라고 표현한 것도 실제로 눈으로 볼 수 있는 것은 아닙니다. 단지 '그런 감정이 전달되었다'라는 의미입니다. 그러나 내 쪽에서는 실제로 어떤 표정처럼 느껴지기에 여기서는 쉽게 표정이라고 표현했습니다.)

빛: "너는 '생生과 사死의 경계'를 통과하지 않았으므로 기억이 되살아나지 않는 것뿐이야." (여기에 쓰는 말도 실제로 '궁극의 빛'이 '입으로 말한 것'이 아니라, 나에게 전달된 비언어非言語의 메시지를 우리 언어로 번역한 것입니다)

나: "잘 모르겠습니다……. 무엇입니까?"

빛: "나중에 동료들에게 알려달라고 하렴."

('나중에'라는 표현도 정확하지 않습니다. 시간관념이 없기 때문입니다. 그러니 '지금'이나 '나중'이라는 감각도 없습니다. 그러나 그렇게 해서는 문장으로 표현할 수 없기에 물질세계에서 사용하는 시간적 표현을 사용하겠습니다.)

나: "동료들?"

이해할 수 없는 말이 많아 무엇이 무엇인지 전혀 알 수가 없었습니다.

빛: "그렇다. 네 동료들이다."

나: "알겠습니다."

그때는 아직 '동료들'이 무언지 알 수 없었지만, 왠지 그 눈부신 빛의 말을 그대로 받아들였습니다.

그리고 그 순간부터 그 빛은 진지한 표정으로 나에게 질문을 하기 시작했습니다.

빛: "충분히 배워왔나?"

그 질문에 대해 나는 놀라울 정도로 겸손한 자세로 이렇게 답을 하고 있었습니다.

나: "……아니요. 아직 불충분합니다……. 죄송합니다……."

빛: "사과할 건 없어. 그것으로 좋아……. 배우는 것에는 결코 충분하다는 한계는 없으니까."

나: "……"

빛: "그렇다면 충분히 사랑은 했는가?"

나: "……아니요. 그것도 아직 불충분합니다……. 죄송합니다……."

빛: "사과할 건 없어. 꼭 사과하고 싶으면 살면서 만나온 여러 영혼에게 사과해."

나: "……예……."

빛: "너에 대해서 또 한 가지 물어볼 것이 있다……. 충분히 사명을 다하고 왔는가?"

나: "……아니……라고 말씀드려야 할지, 예, …… 충분한지 어떨지는 잘 모르겠습니다. 다만 제 나름대로는 제 임무를 다하려고 노력했습니다……."

빛: "그것으로 됐다. 중요한 것은 네가 후회 없을 정도로 노력했느냐 하는 것이니까."

나: "예…. 감사합니다."

빛: "나에게 감사할 것은 없어. 예의를 차리고 싶으면 스스로를 자랑스럽게 생각해."

나: "……예…… 알겠습니다."

그런데 그렇게 그 말대로 내가 나를 자랑스럽게 생각하는 순간……
'빛'으로서의 나의 '빛남'이 한층 더 증가했습니다! (지금 생각해보면 눈앞에 거울이 있는 것도 아닌데, 자기 빛남을 객관적으로 볼 수 있었다는 것도 이상합니다.)

성공의 의미

순식간에 기분이 좋아졌고, 내킨 김에 다음 질문을 재촉했습니다.

나: "다른 질문은 없으신지요?"

그랬더니 '궁극의 빛'은 미소를 지으며 답했습니다.

빛: "없어."

나: "예? …… 그것뿐입니까? 질문은 단지 그 세 가지뿐입니까?"

빛: "그것이 전부다."

나: "다시 말하자면…… 충분히 배웠는가? 충분히 사랑했는가? 충분히
   사명을 다했는가? …… 단지 이 세 가지뿐인가요?"

빛: "그렇다."

나: "인생을 끝마친 후 받게 되는 질문은 정말 그게 전부인가요?"

빛: "그 세 가지 질문에 모든 것이 포함되어 있기 때문이다."

나: "모든 것이?"

빛: "그 외에 또 무엇을 물어보고 싶은가?"

나: "…… 예를 들면 인간사회에서 얼마만큼 성공했는가 하는 것도 어
   느 정도는 가치가 있지 않겠습니까?"

빛: "인간사회에서의 성공에는 가치가 없어."

나: "정말 그런가요? …… 너무 극단적이지 않나요?"

빛: "괜찮아."

나: "하지만 모든 것에는 가치가 있다고……, 가치가 없는 건 없다고
믿으며 살았는데……."

빛: "인간사회에서는 가치가 있을지 모르지만 여기서는 인간사회에서
의 성공이 문제되지 않아."

나: "물론 인간사회에서의 지위나 명예나 돈이나 재산이 여기서 큰 평
가와 연결된다고 생각하지는 않습니다…. 다만 인간 사회에서의
성공을 목표로 힘쓴 그 노력마저도 아무런 가치가 없다는 말씀이
십니까?"

빛: "없다."

나: "하지만 모든 노력에는 제각기 그 가치가 있는 것 아닙니까?"

빛: "가치가 있는 것은 단지 배우고자 하는 노력, 사랑하고자 하는 노
력, 사명을 다하기 위한 노력……, 이 세 가지 노력뿐이다. 그 외는
사람의 본래 목적은 아니야."

나: "즉, 그저 순수하게 배우고자 노력하고, 사랑하고자 노력하고, 사명
을 다하고자 노력한 그 결과로 인간사회에서의 성공이 따라준다면
그 성공에는 가치가 있다는 그런 말씀이신가요? …… 성공 그 자체
를 목적으로 한 노력에는 아무런 가치가 없다는 말씀이시군요?"

빛: "그런 이치의 문제가 아니야. 여기 돌아오는 순간 사회에서 이룬
성공은 모두 사라진다는 거지."

나: "비록 배우고자 노력하고, 사랑하고자 노력하고, 사명을 다하고자
노력한 결과로서의 성공이라고 할지라도, 이쪽 세계에서는 전혀

평가의 대상으로 받아드려지지 않는다는 겁니까?"

빛: "이쪽 세계에서 문제가 되는 것은 '배우고자 노력했는가?', '사랑하고자 노력했는가?', '사명을 다하고자 노력했는가?' 단지 그것뿐이야."

나: "그 말씀은 인간사회에서 성공해도 안 해도 인생을 끝마친 뒤의 평가는 마찬가지란 말씀이군요."

빛: "물론 꼭 그렇지는 않아. 배우고 사랑하고 사명을 다하고자 노력했다면 그 결과로서 사회적으로 성공했는가 못했는가에 관계없이 그것은 바람직한 인생이다. 그러나 비록 인간사회에서 성공했다고 하더라도 배우고 사랑하고 사명을 다하려고 노력한 것이 아니라면 그것은 바람직하지 못한 인생인 것이지."

나: "……"

빛: "따라서 인간사회에서의 성공 그 자체는 모든 의미에서 이쪽 세계에서는 평가 대상이 되지 않는다. 이쪽 세계에서 문제가 되는 것은 충분히 배웠는가, 충분히 사랑했는가, 충분히 사명을 다했는가…… 단지 이것뿐이다."

나: "그러나 그러한 평가 시스템을 알게 되면, 인간은 사회적 성공을 목표로 노력할 마음이 없어지고 열심히 일할 의욕을 잃게 됩니다."

빛: "사회적 성공을 목표로 노력할 필요는 없어. 일하는 목적 또한 배우고 사랑하고 사명을 다하기 위한 것이니까."

나: "그렇다면 인간은 무엇을 목표로 노력해야 합니까?"

빛: "배우고 사랑하고 사명을 다하는 것이지."

나: "'단지 그것뿐입니까?"

빛: "그것뿐이야."

나: "그렇다면 단지 배우고 사랑하고 사명을 다하려고 노력했다면, 그 결과는 일체 염려할 필요가 없다는 것이네요?"

빛: "그렇단다. 이쪽 세계에 되돌아올 때 그 결과는 전혀 문제가 아니란다."

나: "……"

빛: "허무한가?"

나: "……"

빛: "인생에서의 어떠한 성공도 일체 평가되지 않는다는 것이 공허하게 느껴지는가?"

나: "……"

빛: "공허하다면 거기에서 배우도록 해봐."

나: "?"

빛: "모든 사물과 현상, 모든 경험이 존재하는 이유는 오직 하나, 배움이란다. 그 허망함에서 배우고 '진실한 성공'에 답을 얻고자 노력하면 되는 거야."

나: "진실한 성공?"

빛: "성공의 의미가 바뀌면 결과의 의미도 바뀐단다."

나: "…… 그렇다면 진실한 성공이란 사회적 성공이 아니라 다른 것이란 말입니까?"

빛: "배우라! …… 구하라! …… 그리고 깨달으라! ……"

나: "사회적 성공이 아니라면…… '사회'란 말의 반대는 '개인'이니까, 예를 들면 '개인으로서의 성공'입니까?"

빛: "……"

나: "개인으로서…… 그렇다면 진정한 의미의 성공이란 다른 사람으로부터 평가받는 결과, 즉 '사회적 성공'이 아니라, 자신이 개인적으로 평가받는 결과, 즉 '자기 나름의 성공'이네요?"

빛: "……"

나: "자기 나름의 성공이란…… 성공의 기준이나 척도가 타인이 아니라 자기 자신이라는 의미이고…… 앞에서 지적해주신 것과 함께 생각해본다면 '타인이 나를 어떻게 평가하든 자신이 평가하기에 자기가 배우고 사랑하고 사명을 다하려고 충분히 노력했다면 그것이야 말로 진정한 성공이다'라는 말씀이시네요?"

빛: "바로 그것이다."

나: "그러나 그때 자기가 자신을 평가하는 건 그 기준이나 척도가 너무 주관적이지 않을까요?…… 스스로에게 너그러운 사람은 '이 정도면 괜찮다'고 합격점을 매기고, 역으로 스스로에게 엄격한 사람은 '아직도 이 정도의 노력으로는 부족하다'고 자기를 불합격시킬 수도 있지 않겠습니까? 너무 주관적인데요?"

빛: "쓸데없는 걱정이다."

나: "왜요?"

빛: "인생을 끝마치고 여기에 되돌아올 때는 누구나 완벽하게 겸허해
　　지기 때문이다."

나: "인간으로 살고 있을 때는 주관적이더라도, 죽은 뒤에는 모두 같은
　　기준에서 자기 평가를 하게 된다는 말씀이십니까?"

빛: "조금 전에 너도 그랬지. 겸허하게 자기를 평가했지."

나: "정말로, 나의 배움이나 사랑이 불충분했다고 자각한 순간 마치 목
　　이 졸리는 듯한 고통을 느꼈습니다. 내가 이렇게까지 겸허해질 수
　　있을까 놀랄 정도로…… 더구나 극히 자연스럽게 있는 그대로의
　　상태에서……."

빛: "그렇다. 어느 영혼이든 마찬가지로 냉정하게 자신을 평가할 수 있
　　단다……. 왜냐하면 모두 우주의 자녀니까."

우주의 자녀

나는 그 말에 민감하게 반응했습니다.

나: "우주의 자녀라고요?"

빛: "네가 '영혼'이라고 부르고 있는 것은 너희 모두가 '우주<sup>절대자, 하느님,
부처 등</sup>'라고 부르는 것이 낳은 것이야."

나: "그렇다는 것은 즉, 우리 영혼은 우주에 의해서 창조되었다고요?
　　…… 따라서 원래는 같은 유전자를 가지고 있다고요? …… 예를 들
　　면 우리는 우주라는 육신을 구성하는 세포 하나하나라고요?"

빛: "그 말을 굳이 부정하지는 않지만 물질세계의 언어로 표현하는 것
    은 불가능하다."

나: "불가능하면 곤란해요……. 저는 인간의 언어로 정확하게 표현하
    고 싶습니다."

빛: "너는 너무 이치만 캐는구나."

나: "???"

빛: "이치로 이해할 수 있는 것은 아니란다."

나: "하지만 저는 인간사회에서 학자라는 직업을 가지고 있어서…… 아
    무래도 논리적으로 이해하고 싶습니다. 직업병이라고나 할까요?"

빛: "이치로 이해할 수 있는 건 한계가 있단다."

나: "?"

빛: "인간사회에서 역사적인 발명이나 획기적인 발상으로서 남아 있
    는 것의 태반은 이치로 생각해낸 것이 아니라 직관直觀적으로 번쩍
    떠오른 것이다. 그 '번쩍임'을 나중에 이론적으로 가닥을 잡아준
    것에 지나지 않는다."

나: "번쩍임이라는 것은 말하자면 빛의 차원에 의식을 연결한다는 것
    이군요?"

빛: "그런 것이지. 네가 구하고자 하는 진리는 물질세계에서 말하는 개
    념이나 이론을 아무리 잘 알아도 결코 이해할 수는 없을 것이야."

나: "물론 잘 알고 있습니다. 물질세계의 진리는 소위 말하는 물리학
    으로 규명되고 있습니다. 그러나 인간은 물리학적인 진리로는 만

족할 수 없어 보다 인간학적인 인생의 진리를 구하고 있는 것입니다…….”

빛: “그러나 네가 구하고자 하는 ‘인생의 진리’는 영혼의 차원에서 연결되어야 알 수 있는 이 정신세계에 존재하는 것이다. 더욱이 정신세계의 여러 차원이나 원리는 물질세계에 사는 한 이해할 수 없단다.”

나: “그건 그렇습니다만…….”

빛: “그러니 인간이 인생의 진리를 논리적으로 이해하거나 언어로는 절대 표현할 수 없겠지.”

나: “절대로? …… 정말 절대로 안 되는 것입니까?”

빛: “안 된다.”

나: “그렇다면…… 논리적 이치로 이해하는 것이 불가능하다면 비논리적으로 감각적으로 이해하는 것은 가능합니까?”

빛: “그 방법이라면 가능하겠지……. 아니, 좀 더 정확하게 말하면 그 방법 이외에는 할 수 없을 거야.”

나: “즉 논리를, 이치를 버리라는 말씀…… 인생의 진리는 머리로 논리적으로 이해하는 것이 아니라 마음으로 감각적으로 직관하라는 말입니까?”

빛: “아니야, 그 말도 정확하지 않아. 왜냐하면 마음으로 감각적으로 직관하지 않아도 너희의 마음, 즉 영혼은 어떤 영혼일지라도 이미 인생의 진리를 모두 이해하고 있기 때문이야.”

나: “나도 이미 모든 것을 이해하고 있다고요?”

빛: "그렇지. 그러니 이해하려 할 필요도 없어……. 단지 이미 알고 있는 진리를 기억해내면 되는 것이야."

나: "기억해낸다고요? …… 누구나 영혼으로써 진리를 알고 있다고요? …… 그것을 기억해내기만 하면 된다고요? …… 그렇다면 어떻게 하면 기억해낼 수 있습니까?"

빛: "네가 지금 연결되어 있는 이 차원에 영혼을 연결하기만 하면 되는 것이야."

나: "지금 저는 이렇게 확실히 이 차원에 연결되어 있는데……, 그런데 왜 아직 진리를 기억해내지 못하고 있는 건가요? 왜 아직 물질세계적인 사고방식을 버리지 못하고 이치나 따지며 몸부림하고 있는 겁니까?"

빛: "다시 물질세계로 돌아간 후에 이 세계에서 배운 것을 인간으로 살아가는 영혼들에게 전달할 필요가 있기 때문이다…. 그 사명을 이루기 위해, 의도적으로 너는 인간으로서의 감각을 가진 채로 이 차원에 와있는 것이다."

나: "???"

"너는 아직 죽지 않았다."

이 말을 듣는 순간 비로소, 희미하게나마 내 사명이 생각나기 시작했습니다. 그러자 '궁극의 빛'은 나에게 다짐이라도 하듯 말을 해주었습니다.

빛: "너는 아직 죽지 않았어."

나: "제가 아직 죽지 않습니까?…… 그러고 보니 육신을 떠날 때 '다시 돌아온다'라는 느낌은 있었어요…… 그래서 가족이나 친구들에게 이번 인생의 고별인사는 하지 않았습니다만……."

빛: "너는 '삶과 죽음의 경계'를 거치지 않은 채 직접 이 차원에 연결되어 있단다……. 그러니 아직 죽을 수 없단다."

나: "죽을 수가 없다고요?"

빛: "죽는다는 것, 즉 이쪽 차원에 완전히 되돌아올 수 있는 영혼은 '삶과 죽음의 경계'에서 자기의 의사로 '죽음'을 선택한 영혼뿐이야……. 거기서 '삶'을 선택한 영혼은 원래의 육체로 되돌아간다."

나: "그 말씀은 나는 거기서 삶을 선택한 것입니까?"

빛: "아니야, 너는 그 '경계' 자체를 통과하지 않았어."

나: "그렇다면 왜 저는 그 '경계'를 통과하지 않고 직접 이 차원에 연결된 걸까요? …… 통과할 길을 잘못 택한 걸까요?"

빛: "잘못 택한 것이 아니라 그렇게 예정되어 있었던 거야…. 너에게는 다시 되돌아갈 의무가 있었기에 '삶과 죽음의 경계'를 거칠 필요가 없었던 거야."

나: "의무를 지니고 있다고요?"

빛: "너의 사명은 다시 물질세계로 돌아가서 인간으로서 배우고 있는 영혼들에게 여기서 배운 것을 다소나마 올바르게 전달하는 거야…. 너는 네 의지로 그 사명을 선택해서 사람으로 태어난 거란다."

나: "……"

빛: "기억이 나지 않는 것도 무리는 아니다. 그것 또한 예정된 대로니까."

나: "……"

빛: "너는 그 인생에서 네 나름대로 사명을 다하고자 노력해왔어. 그러나 그 노력 끝에 너는 '말로 표현할 수 없는 것을 말로 표현해야 한다'라는 벽에 부딪힌 거란다. 기진맥진해 자신을 잃게 된 것도 무리는 아니지."

나: "말씀하신대로 그 한계를 느끼고 있었습니다……."

빛: "처음 인간사회로 떠날 때 이미 그렇게 계획했던 거야. 벽에 부딪혔을 때, 뛰어넘을 힘을 보충하고, 뛰어넘을 기술을 연마할 기회를 갖기로 했던 거지."

나: "설마 그 기회가 이번에 이렇게 '죽는다'는 것…… 아니, 아직 내 육체가 살아 있다면 '죽으려 한다'는 것이란 말씀입니까?"

빛: "바로 그대로다."

나: "……"

빛: "잘 돌아왔어……."

나: "……예….."

빛: "여기서 잠깐 쉬고 소모된 힘을 비축하여 필요한 것들을 배워봐. 그리고 시련의 길이겠지만, 다시 그 길로 돌아가렴."

나: "예."

빛: "항상 변하지 않는 그 긍지로 가득 찬 답을 기대하고 있었어."

나: "예."

빛: "단, 돌아갈 시간이 틀리면 안 된다."

나: "돌아갈 시간?"

빛: "물질세계에서 깨어나는 시간 말이야. 네 육체는 영혼이 빠져나
간 상태에 있다. 물질세계에서의 여유는 겨우 하루 정도밖에 없
다. 그 시간이 지나면 육체로 돌아갈 수 없단다. 뇌가 기능을 상실
하니까."

나: "예? 그런 건 곤란합니다!"

빛: "나머지는 네 동료들에게 물어봐……. 모두 잘 해결해줄 꺼야."

나: "동료들?"

빛: "네가 부르면 금방 연결할 수 있어."

나: "……"

빛: "나는 언제나 너와 함께 있다……. 그것을 잊지 않도록. 이번에도
마음껏 사명을 다하도록 해."

그 순간 그 '궁극의 빛'의 모습이 금방이라도 사라질 것처럼 느꼈습니
다. 그래서 나는 가장 알고 싶었던 의문을 드디어 던져 보았습니다.

나: "당신은 도대체 누구입니까?"

'궁극의 빛'의 정체

그 '궁극의 빛'은 이렇게 답했습니다.

빛: "이름은 없다."

계속 질문했습니다.

나: "왜요?"

빛: "너는 이미 알고 있어. 단지 '삶과 죽음의 경계'를 통과하지 않은
　　채로 이 차원에 돌아왔기 때문에 기억해낼 수 없는 거야."

나: "부탁입니다……. 가르쳐 주세요……. 당신은 누구입니까?"

빛: "이름은 없다."

비로소 깨달았습니다. 그러고 보니 '궁극의 빛'은 처음부터 자신에 대
해서는 전혀 언급하지 않았습니다. 자기의 존재를 '나'라든가 '저'라든가
하는 어떤 말로도 표현하지 않은 것입니다. "나에게는 이름이 없다"라고
답하지 않고, 단순히 "이름은 없어"라고 답했을 뿐입니다.

'혹시 자신을 언어로 표현할 방법이 없는 건 아닐까?'

그래서 이렇게 다시 물었습니다.

나: "다른 사람들은 당신을 뭐라고 부르고 있습니까?"

그랬더니 의외의 답이 돌아왔습니다.

빛: "아무도 부르지 않는다……. 아무도 표현하지 않는다."

나: "왜요?"

빛: "이름 지을 수도 없고 표현할 수도 없기 때문이다."

나: "그렇지만 저는 당신을 '당신'이라고 부르고 있지 않습니까?"

빛: "그것은 이름도 아니고 표현도 아니야."

나: "그렇기는 합니다. '당신'이라는 것은 누구나 사용할 수 있는 부름
    이며, 특정한 존재를 나타내는 말은 아닙니다만……."

그 순간 비로소 깨달았습니다.

나: "당신은 '특정한 존재'가 아닐 수도 있겠네요?……. 그러니까 부르
    는 이름을 붙일 수 없지 않을까요?……. 당신은 '특정할 수 없는 존
    재', 즉 보편普遍적이며 '어디에나 있는 존재'이며 굳이 말하자면 '모
    든 것'이 되겠군요?"

내 말을 들으며 그 '궁극의 빛'은 그저 미소만 지었습니다.

나는 계속했습니다.

나: "즉 당신은…… '우주' 그 자체인가요?"

그 순간 '궁극의 빛'이 내 말을 묵인해준 것으로 느꼈습니다.

나: "그러나…… 당신을 '우주님'이라고 부르고 싶지만…… 나도 우주
안에 존재하는 존재, 즉 우주의 일부이므로 당신을 '우주님'이라고
부르는 것은 왠지 모순 같습니다……. 당신을 '우주님'이라고 부르
면, 당신 속에 나도 포함되니까 논리가 맞지 않게 되는데…… 이렇
게 당신은 내 앞에 있고 나와는 별개의 존재인데, 당신을 '우주님'
이라고 부르며 당신 안에 나를 포함시킬 수도 없고……."

혼란에 빠져 고민하는 나를 보면서 '궁극의 빛'은 가만히 미소만 지었
습니다. 그리고 이렇게 가르쳐 주었습니다.

빛: "바로 그것이다…… 너 자신이다…… 너의 모든 것이며 또 하나의
너다."

나: "예? …… 당신이 나라는 말입니까? …… 또 하나의 나? …… 당신
이 내 분신이라는 건가요?"

빛: "그것이 바로, 너와 별개의 존재로서 내 이름을 따로 붙일 수 없는
이유다."

나: "그렇지만 나는 당신과 이렇게 대화를 하고 있습니다……. 대화를
한다는 것은 이미 나와 당신이 별개로 존재한다는 사실을 전제하
고 있는 것이 아니겠습니까?"

그리고 그 순간 상상조차 할 수 없었던 일이 일어났습니다.

'궁극의 빛'이 내 속으로 뛰어 들어왔고, 순식간에 우리는 하나가 되었습니다.

그 순간 비로소 깨달았습니다.

나: "당신은 나였군요……. 그리고 당신은 우주 그 자체이기도 하군요……. 당신은 내 안에 존재하고 있으며 그리고 나는 우주 그 자체인 당신 안에 존재하고 있고요……. 그러니까 당신을 어떤 이름으로 부르는 것은 논리적으로 불가능하네요…. 만약 당신을 어떤 이름으로 부르고 싶다면 이성이나 논리를 버리고 직관直觀할 수밖에 없겠군요."

즉 나는 '궁극의 빛'으로서 내 눈앞에 투영된 '진정한 나'의 모습과 '자문자답'하고 있었던 것입니다. 더욱이 그 '진정한 나'는 '우주' 그 자체였습니다.

그때 나는 어떤 사실을 깨달았습니다……. 아니, 깨달았다기보다 기억해냈다는 표현이 적절합니다.

이 빛을 만약 '신God'이나 '불佛', 하느님이나 절대자라고 부른다면 어떨까? …… 그렇다면 이는 '우주' 그 자체이며, 동시에 '나' 자체이기도 하다……. 다시 말하자면 '신'은 '나' 안에 존재하고 있으며, 동시에 '나'는

'우주' 그 자체이기도 한 '신' 안에 존재하고 있고, 또한 '우주'는 '나' 안에 존재한다…….

그렇다. '우주'는 이중二重구조로 되어 있고 우주의 본질은 '정신精神우주'이며, 지구나 인간이 살고 있는 '물질우주'는 '정신우주'가 자기연마自己研磨의 장으로 창조한 실험장에 지나지 않는다. 그렇다면 모순이 해결된다.

즉, '정신우주'와 '신'과 '나'는 모두 같은 것을 지칭하고 있는 것이다……. 인간이 '신'이라는 말이나 개념을 사용할 때 그것은 '자기 마음 깊은 곳에 존재하는 진정한 나'를 의미하는 것이다. 그 '진정한 나'는 우주의 본질이고 정체正體인 '정신우주'와 연결된 것이며, 그 목적은 '정신우주'의 존재 이유인 '사랑으로서 자기 자신의 성장'인 것이다…….

여기서 말하는 '나'는 우주에 존재하는 무수한 '영혼'의 대표격입니다. 그러니 이 구조를 인간으로서 살아가는 모든 영혼에게도 동일하게 적용할 수 있는 것입니다.

즉 인간은 모두 '영혼'으로서 '신'(정신우주)의 일부이며, 우리 인간이 '신'과 대화할 때는 실은 마음 속 깊이 존재하는 '진정한 나'(정신우주)와 대화하고 있는 것입니다. 우리는 영혼의 모습으로 영적인Spiritual 세계로 되돌아왔을 때 '궁극의 빛'의 상태로 나타나는 '진정한 나'와 만나 이와 같이 자기 평가하면서 우주의 진리를 '기억해내는 것'입니다.

단, 이러한 내 경험은 어디까지나 개인의 경험에 지나지 않으며, 인간으로 살아가는 모든 분이 나와 같은 경험을 하게 될 것인가는 알 수 없습니다. 단지 내 경험을 최대한 과학적이고도 이성적으로 소개하는 것이 전부입니다.

그러나 적어도 지금 이 책을 읽고 계시는 분들…… 특히 이 책의 내용에 공감해주는 분들은 언젠가 육체를 떠난 후에 같은 경험을 하게 될 가능성이 상당히 높습니다. 우주의 구조를 알게 되었기 때문입니다.

빛의 동료들과 대화하다

죽으려 하는 이유

'궁극의 빛'이 내 영혼과 일체화되자마자 순식간에 주위의 광경이 변했습니다. 나는 빛나는 여러 개의 빛에 둘러싸여 있었습니다. 이 '반짝이는 빛'들은 '궁극의 빛'에 비하면 눈부심의 정도, 즉 빛으로서의 파조가 낮기는 하지만, 그래도 보통의 일반적인 영혼과는 비교가 되지 않을 정도로 밝게 빛나고 있었습니다.

그 '반짝이는 빛'들과 '궁극의 빛'의 차이를 구체적으로 표현하면, 단순한 '눈부심'의 차이라기보다는 '아름다움의 차이'가 아닐까 합니다. '궁극의 빛'은 단순히 '궁극까지 눈부시다'라고 느낄 뿐만 아니라 마치 고급 진주의 표면과 같이 온화한 아름다움으로 충만해 있었습니다.

'반짝이는 빛'은 일반 영혼들에 비하면 몇 천 배, 몇 만 배로 빛났으며, '빛'으로서의 눈부심은 더할 나위 없었지만, '아름다움'이라는 점에서는 '궁극의 빛'에 한참 미치지 못하는 것 같았습니다. 그러나 그것은 '반짝이는 영혼'들이 '궁극의 빛'에 비해 떨어진다는 의미가 아니라 오히려 '궁극의 빛'만이 '독특하게 고상한 아름다움을 갖춘 유일무이한 존재'인 것을 나타내고 있다고 느꼈습니다.

나: "당신들은…… ?"

그러자 '반짝이는 빛'들이 일제히 메시지를 보내왔습니다. 여기서 말하는 '일제히'라는 것은 복수의 빛들이 동시에 커뮤니케이션을 해주는 것인데, 마치 여러 사람이 같은 말을 하는 것처럼 느껴졌다는 의미입니다.

빛: "당신의 동료…… 같은 동료입니다."

그 말 안에서 다정함이 느껴졌습니다. '궁극의 빛'의 메시지에서는 다정함뿐만이 아니라 마치 아버지 같은 위엄이나 엄격함이 느껴졌지만, 반짝이는 빛들은 마치 어머니 같은 온화함으로 나를 감싸주었습니다.

물론 영혼에 성별이 없는 것처럼 빛에게도 성별은 없습니다. 하지만 '궁극의 빛'과 '반짝이는 빛들'에게서 받는 인상은 달랐습니다. 비유하자면 '궁극의 빛'이 '믿음직한 연배의 의사 선생님'이라면 '반짝이는 빛들'은 가까이에서 보조를 해주는 상냥한 간호사들 같았습니다.

나: "내가 당신들의 동료? …… 그렇지만 나에게는 그런 기억이 없는데……."

그러자 반짝이는 빛 중 하나가 이렇게 답해주었습니다.

빛: "그것은 당신이 '삶과 죽음의 경계'를 통과하지 않고 직접 이 차원
과 연결됐기 때문이에요."

나: "그 경계를 통과하느냐 안 하느냐와 내 기억과는 어떤 관계가 있습
니까?"

빛: "당신이 알아듣기 쉽게 물질세계에서 사용하는 '시간'과 '공간'의
개념으로 알려드리겠습니다. 영혼이 육체를 떠나는 순간 보통은
물질세계와 정신세계의 경계에 있는 차원次元의 벽, 즉 '삶과 죽음의
경계'에 도달합니다. 이 경계 앞에서 살아온 인생을 자기 평가하면
서 '이대로 죽음을 택해서 정신세계로 돌아갈 것인지 아니면 다시
육체로 돌아가 물질세계에서의 배움을 계속해 갈 것이지'를 자기
의지로 선택하게 됩니다."

나: "그래요? …… 인생의 자기 평가는 이쪽 차원에 돌아와서 앞서 내
가 경험한 것처럼 '궁극의 빛'과 함께 행하는 것이 아닌가요?"

빛: "당신이 경험한 자기 평가는 '삶과 죽음의 경계'에서 행하는 자기
평가와는 다른 것입니다."

나: "그렇다면 두 부류의 자기 평가가 있다는 건가요?"

빛: "그렇습니다. '삶과 죽음의 경계'에서 행하는 것은 일차적인 평가
입니다. '나아갈 것인가 되돌아갈 것인가'의 선택, 즉 이대로 죽어
서 인생을 마칠 것인지 아니면 살아 돌아가서 다시 배울 것인지를

판단하는 겁니다. 여기서 죽음을 선택한 영혼만이 '삶과 죽음의 경계'를 빠져나가 각각의 파조에 알맞은 차원으로 '연결'되어, 그 차원에서 휴양을 취하면서 물질세계에서의 배움의 계획을 다시 세웁니다. 이 때 우주 구조의 기억을 되살리고 '시간과 공간'에서 해방됨으로써 '정신세계에서의 존재'로 완전히 돌아올 수 있습니다."

나: "그렇다면 내가 행한 것은 본래 완전히 죽은 영혼이 해야 할 두 번째의 자기 평가, 즉 진짜 자기 평가였다는 거네요?"

빛: "둘 다 진짜니까 두 번째만 진짜라고 할 수는 없습니다. 그렇지만 두 평가의 질이나 목적은 완전히 다릅니다."

나: "두 번째 평가의 목적은 무엇입니까?"

빛: "보다 엄하고도 본질적이며 순수한 평가입니다. '삶과 죽음의 경계'에서 하는 일차 평가는 인간사회의 여러 조건을 고려해서 어느 정도는 자기를 변호할 수 있습니다. 하지만 이차 평가는 빛의 차원에서 하는 것이기 때문에 자기변호가 전혀 허용되지 않습니다."

나: "그렇다면 왜 나는 이번에 그 첫 번째 평가…… 즉 '삶과 죽음의 경계'를 통과하지 않은 건가요?"

빛: "통과할 필요가 없었던 것이지요. 당신이 인간으로 태어나기 전에 당신 스스로 계획해 두었던 것입니다."

나: "예? …… 내가 그런 계획을 했었다고요?"

빛: "물질세계에서의 사명을 제대로 이루기 위해서 한번은 '삶과 죽음의 경계'를 통과하지 않은 채 이쪽 차원에 돌아올 필요가 있었던

것입니다.”

나: “왜 그렇죠? ‘삶과 죽음의 경계’를 통과하지 않는 채로 돌아오면 사
　　명을 효과적으로 이룰 수 있는 건가요?”

빛: “그것은 당신의 사명과 깊이 관련되어 있습니다. 당신은 우리의 동
　　료로서 우리의 사명을 잘 알고 있겠지요? …… 그 사명만큼은 물질
　　세계에 가서도 결코 잊지 않았을 겁니다.”

그랬더니 이상하게도 극히 자연스럽게 답이 나왔습니다.

나: “예…… 잘 알고 있습니다. 그것은 사람으로서 배움의 인생을 살
　　고 있는 영혼들…… 그중에도 특히 인생의 의미나 가치를 잃고 고
　　생하는 영혼들을 격려하는 일입니다. 허용되는 범위는 지켜야 하
　　겠지만, 영혼들에게 ‘진리의 단편’을 조금이나마 보여주는 것이죠.
　　그래서 나는 이 차원에 돌아와서 ‘설득하는 힘’과 ‘제시하는 힘’이
　　라는 두 가지 능력을 연마하고 인간사회에 다시 태어나는 일을 되
　　풀이하고 있습니다. 물론, 성공도 실패도 몇 번이고 되풀이해 왔습
　　니다. 이번 인생에서는 말하는 것, 쓰는 것, 음악을 하는 것 이 세
　　가지 전달 능력을 도구로 지니고 태어났습니다.”

이렇게 말하며, 말하는 나 자신이 먼저 경악하고 있었습니다.

빛: "바로 그것입니다. 당신은 이전에도, 병으로 좌절하고 이쪽 차원으로 되돌아와 빛의 힘을 보충하고, 가르치는 도구를 연마한 다음, 다시 인간사회에 돌아간 일이 여러 번 있었습니다."

나: "아아…… 기억납니다. 일부러 '삶과 죽음의 경계'를 통과하지 않고 우주의 진리를 일부밖에 기억나지 않게 하면서 물질세계의 감각을 유지한 채 여기에 돌아와서 '물질세계에 사는 인간의 감각으로 정신세계의 진리를 이해하고 설명하기' 위한 훈련을 효과적으로 받았던 거네요?"

빛: "겨우 기억해냈군요. 당신의 사명은 '진리의 단편'을 효과적으로 전달해서 인간으로 고민하며 고생하는 영혼들을 격려하여 용기를 북돋아주는 것입니다. 즉 당신이 '물질세계에서 사람으로서 살고 있는 영혼들에게 진리의 단편을 전달하는 기술을 연마하기 위한 배움'을 인생에 삽입해 둔 것입니다. 그것이 당신의 사명을 이루는 데 크게 도움이 되기 때문입니다."

나: "그래서 지금 나는 되살아날 것을 전제로 한 죽음을 맛보고 있는 거군요?"

빛: "그렇습니다. 단, 당신의 육체가 생명을 유지할 수 있는 시간은 물질세계의 시간으로 꼭 하루…… 즉, 불과 24시간 정도밖에 없습니다……. 아무쪼록 돌아가는 시각을 지키도록 하십시오."

나: "그 '돌아가는 시각'이라는 것은…… 앞서 '궁극의 빛'도 말했습니다만, 도대체 어떤 것을 말하는 것인지요?"

빛: "그것은 나중에 기억해내십시오……. 그전에, 모처럼 물질세계의 감각을 유지한 채 이 차원에 돌아왔으니까, 그 상태로 있는 동안에 무엇이든지 물어보세요."

나: "무엇이든지?"

빛: "바로 그것이 당신이 돌아온 목적이기 때문입니다. 우리가 답을 할 터이니 그 답을 물질세계의 감각을 활용하면서 이해하고 적절한 말로 번역해서 그 말을 필요로 하는 사람들에게 전해주세요……. 그러기 위해 당신은 일부러 물질세계의 감각을 유지한 채 여기에 돌아온 겁니다."

인생의 목적

《사는 보람론》에는 아무리 표현하려 해도 표현할 수 없었던 것들이 많았습니다. 하나씩 물어보기 시작했습니다.

나: "인생이란 무엇입니까? …… 즉 사람으로서 인생을 산다는 것은 어떤 것입니까?"

그랬더니 어느 방향에선가 다른 '반짝이는 빛'이 답해주었습니다.

그때 '반짝이는 빛'들에게는 희미하게나마 색깔과 같은 것이 있다는 걸 느꼈습니다. 그때까지 대화하고 있던 빛은 무색투명에 가까운 빛이었지만, 지금 답해주는 빛은 희미한 황색의 빛이었습니다. (물질적인 눈으로 보는 것이 아니므로 '보였습니다'가 아니라 '느꼈습니다'라고 표시했습니다. 정신세계의 영혼들은 '빛'으로서 '눈부심'과 '색'이라는 두 가지 요소로 각각의 개성이 표현되는 것 같습니다.)

　　빛: "물질세계의 것을 예로 들자면 산에 오르는 것과 같다고 하겠습니다."

　　그 말을 듣는 순간, 무심코 실례의 말을 했습니다. (아직 완전히 죽지 않아 인간적인 마음이 남아 있었던 것 같습니다.)

　　나: "그것은 인간사회에서도 이미 오랜 옛날부터 전해오던 말로 전혀 새로운 설명이 아닙니다."

　　하지만 희미한 황색의 빛은 화를 내거나 나를 나무라지 않았습니다. 방긋이 미소 짓는 이미지 그대로 더욱 공손하게 답해주었습니다.

　　빛: "인간사회에서 말하는 태곳적부터 우리는 언제나 같은 예를 사용해서 같은 메시지를 전해주고 있습니다. 따라서 당신이 바라는 새로운 가르침 같은 것은 아무것도 없습니다."
　　나: "……"

빛: "우리는 태곳적부터 물질세계 어디나 존재하는 것을 비유로 사용
하면서 알기 쉽게 메시지를 전달해 왔습니다. '산'이라면 태곳적부
터 많은 인간이 이해할 수 있었습니다."

나: "그렇습니다."

빛: "인간에게 '새롭다'고 느끼는 가르침이 있다면 그것은 모두 인간이
뇌와 논리로 생각해낸 것 즉, 인간의 말로 표현하자면 '철학'이나
'사상'입니다. 그와 관련해 우리가 이 빛의 차원에서 내보내온 메
시지는 태곳적부터 아무것도 변한 것이 없습니다. 이 차원에는 물
질세계와 같은 시간의 관념은 없으니까 옛날이나 지금이 없고 오
래된 것이나 새로운 것도 없습니다."

나: "그렇겠군요……. 실례했습니다."

빛: "사과할 필요는 전혀 없습니다……. 지금 당신은 훈련을 받고 있으
니까요."

나: "예."

빛: "우리가 이 빛의 차원에서 내보내고 있는 메시지는 물질세계에서
말하는 태곳적부터 앞으로의 먼 미래까지 어느 시대나 구석구석
까지 전달됩니다. 빛의 차원에서의 메시지에는 새로운 것이라곤 아
무것도 없습니다. 따라서 당신이 만약 인생의 진리를 탐구한다면,
그 회답은 오랜 옛적부터 설법되어온 가르침 속에 존재할 것입니다.
즉, '여러 가지 가르침마다 서로 다른 점'에 주의를 기울이지 말고
'여러 가지 가르침을 초월해서 공통되는 기본 원리'에 주목하십시

오. 그것이야말로 빛의 차원에서 본 순수한 '진리의 단편'입니다.

나: "그렇다면 아득한 옛적부터 설법되어온 가르침처럼 사람은 오로지 세상을 위해서 남을 위해서 살아야 합니까?"

빛: "아니요. 그렇지 않습니다. 가르침은 종종 오해되고 있습니다. 인간적인 해석이 가해지기 때문입니다. 사람은 절대로 세상이나 타인을 위해서 살아서는 안 됩니다."

나: "예?! …… 그렇다면 누구를 위해서?"

빛: "산에 오르는 건 다른 누구를 위해서가 아닙니다. 자기 자신을 위해서 오르는 것입니다."

나: "자기를 위해서?"

빛: "사람마다 오르는 산은 다릅니다. 높은 산도 있는가 하면 낮은 산도 있습니다. 평탄한 산이 있는가 하면 험한 산도 있습니다. 아름다운 꽃으로 덮인 산이 있는가 하면 밀림으로 무성한 산도 있을 겁니다. 바위나 낭떠러지도 있고, 때로는 절벽을 기어 올라갈 필요도 있습니다. 냇가나 폭포도 있고, 때로는 나무 열매나 과실의 혜택을 맛볼 수도 있습니다."

나: "예…… 그렇습니다."

빛: "이처럼 어떤 산에 어떤 방법으로 오르는가는 모두 각 영혼의 자유입니다. 멀리 둘러서 산정을 오르는 방법도 있고, 일직선으로 바로 뛰어 올라가는 방법도 좋습니다…… 천천히 한가롭게 쉬면서 오르는 방법도 있고, 한눈 한번 팔지 않고 계속 달리는 것도 좋겠지요.

어떤 산을 어떤 방법으로 오르더라도 오르고 난 후 얻을 가치는 동일합니다. 어떤 산일지라도 각 영혼이 스스로 선택한 산입니다. 어떤 산이든 자신에게 가장 적합한 산임을 잊어서는 안 됩니다."

나: "그렇군요……."

빛: "어떤 산이든 자신이 올라야할 산, 즉 살아가야 할 인생에 잘못이란 없습니다. 다른 사람이 오르는 산에 한눈을 팔지 말고 자기가 올라야 할 산을 자기 나름의 방법으로 오르면 되는 것입니다."

나: "그것은 분명히 옛적부터 전해 내려오는 표현이기는 합니다만……."

빛: "그렇습니다. 바로 그것입니다……. 당신과 같이 '오랫동안 사용되어온 묵은 표현'에 한계를 느낀 사람들이 '새로운 것'을 구하여 자기 나름의 표현을 짜낸다든지, 시대나 지역에 따른 전달 방법을 고안하며 사람들을 인도해 왔습니다. 그러나 그러한 방법의 밑바닥에 흐르는 가르침은 모두 태곳적부터 빛의 차원에서 보내온 메시지라는 사실에는 변함이 없습니다. 모든 가르침의 근원은 단 하나입니다."

나: "실례했습니다……. 분명, 어떤 새로운 가르침도 이 등산의 예를 응용할 겁니다……. 그러나 '세상을 위해서 남을 위해서 힘쓴다'라는 것은 '자기 이외의 사람들을 사랑한다'라는 말이잖습니까, 이것이야말로 인생의 목적이 아니겠습니까?"

빛: "그런 생각이 바로 편견에 사로잡힌, 물질세계적인 사고방식이라

고 할 수 있습니다."

나: "자기 이외의 사람들을 사랑하면서 세상을 위해서 남을 위해서 산다는 것이 인생의 목적이 아닙니까?"

빛: "산은 자기를 위해서 오르는 것입니다. 세상을 위해서, 남을 위해서 산다는 것은 '올바른 등산 방법은 무엇인가?'를 논할 때나 해야할 답에 불과합니다. '산에 오르는 목적은 무엇인가?'를 묻는 말에 대한 답은 절대 아닙니다. 산은 세상을 위해서, 남을 위해서 오르는 것이 아니라 어디까지나 자기 자신을 위해서 오르는 것입니다. 그 등산 방법이 사랑이 넘치는 방법이거나, 사랑이 모자라는 방법이라는 것에 불과합니다."

나: "그렇다면 '세상을 위해서 남을 위해서 많은 사람을 사랑하면서 산다'라는 것이 인생의 목적이 아니라고 할지라도, 인생을 살아가는데 있어 바람직한 방법이기는 하겠지요?"

빛: "그 말은 옳기도 하고 잘못이기도 합니다. 무엇보다 중요한 것은 영혼 자신이 살기로 선택한 그 사람*자신*을 사랑하는 것…… 즉 자기 자신을 사랑하는 것입니다."

나: "그렇군요……. 그렇다면 사랑의 대상에는 우선순위가 있어서, 먼저 자기 자신을 사랑하고 그다음으로 다른 사람을 사랑하면 된다는 말입니까?"

빛: "그런 생각 또한 편견에 사로잡힌, 너무나 물질세계적인 사고방식이라고 할 수 있습니다. 진리는 당신이 논리적으로 정리하려는 것

보다 훨씬 단순하고 순수합니다. 사랑의 대상에는 우선순위 같은 건 없습니다."

나: "알겠습니다. 다만 아직 물질세계의 관념이 나에게 남아있는 건 사실이니까, 좀 더 쉽게 설명해줄 수는 없을까요?"

빛: "글쎄요……. 당신은 일부러 물질세계적인 관념이라는 제한을 스스로에게 가한 채 여기 돌아와 있으니까…… 그렇다면 이렇게 이해해주세요."

나: "예."

빛: "진리란 극히 단순하고 순수한 것입니다. 인생의 목적이란 자기를 위해서 사는 것…… 좀 더 정확하게 표현한다면 '인생의 목적이란 자기의 성장을 위해서 자기 나름의 배움을 쌓는 것'이라고 말할 수 있습니다. 다른 누구를 위한 것이 아닙니다. 모든 것은 바로 자기 자신을 위한 것입니다. 그러나 진정으로 자기에게 가치가 있는 배움을 쌓으려는 사람이라면 그 배움의 과정 그 자체가 극히 자연스럽게 그대로 세상을 위하고 남을 위하는 것이 될 것입니다. 따라서 '세상을 위해서 남을 위해서 살자'라고 생각할 필요도 없이 우선 '자기에게 진정으로 가치 있는 인생을 살겠다'라고 생각하는 것만으로도, '자기를 위해 사는 것'이 그대로 '세상을 위하고 남을 위해 사는 것'이 될 것입니다."

나: "이해했습니다."

빛: "그리고 바람직한 삶에 대해서 생각할 때, 그 답 또한 극히 단순하

고 순수합니다. '바람직한 삶이란 그저 자기 자신을 사랑하면서 사는 것'이기 때문입니다. 왜냐하면 진정으로 자신을 사랑하고 있는 사람이라면 극히 자연스럽게 그대로 다른 사람들을 아무런 조건 없이 사랑하게 될 것이기 때문입니다. 따라서 '다른 사람들을 사랑하겠다'라고 노력할 필요조차 없이 먼저 '진심으로 자기 자신을 사랑하겠다'라고 생각하는 것만으로, '자기 자신을 사랑하는 것'이 그대로 '다른 사람들을 사랑하는 것'이 될 것이기 때문입니다. 누군가를 사랑한다는 행위는 상대를 위한 것이 아니라 진심으로 자기 자신을 사랑하고 있는 사람이 자기 자신을 위해 행하는 극히 자연스러운 행위인 것입니다."

나: "잘 알겠습니다……. 그렇기 때문에 실제로 인간사회에서 '많은 사람을 사랑하는 사람, 즉 세상을 위해서 남을 위해서 사는 훌륭한 사람'은 틀림없이 '자기 자신의 가치 있는 배움을 위해서 자기 자신을 충분히 사랑하면서 살아가고 있는, 자랑스러운 사람'이겠네요. 말씀하신 것처럼 자기 자신도 사랑하지 않는 사람이 남을 사랑할 리가 없지 않겠습니까?"

예정 외의 죽음

거기서 나는 금단의 질문을 끄집어냈습니다.

나: "제 책에 '모든 죽음에는 이유가 있으며 예정 외의 쓸모없는 죽음이란 있을 수 없다'라고 썼습니다. 하지만 실제로는 아무리 생각해도 그 이유를 알 수 없는 죽음도 많았습니다. 왜 그 시점에, 왜 그 환경이나 조건에, 도대체 왜 죽어야 하는지 그 이유를 알 수 없는 허무한 죽음도 많았습니다. 그래서 솔직하게 묻고 싶습니다⋯⋯. '모든 죽음에는 이유가 있고 예정 외의 허무한 죽음이란 없다'고 단언해도 괜찮을까요? ⋯⋯ 아니면 실제로는 '예정 없이 일어난 허무한 죽음'이라는 현상도 존재하는 건가요?"

그러자 이번에는 다른 빛이 반짝임, 즉 "그 물음에는 내가 답하겠습니다"라는 신호를 보내왔습니다. 그 빛은 희미한 붉은색처럼 느껴졌습니다.
'반짝이는 빛'들에게는 각기 담당 분야가 있는 것 같았습니다. 그리고 이 빛은 왠지 '죽음'을 담당하는 빛처럼 느껴졌습니다.

빛: "엄밀히 말하자면 당신의 질문은 두 가지입니다. 하나는 '모든 죽음은 태어나기 전부터 예정되어 있던, 즉 피할 수 없는 운명으로서의 죽음인가?'라는 것이며 다른 하나는 '모든 죽음에는 의미가 있는 것인가?'라는 것입니다."
나: "예⋯⋯ 두 가지 의문을 뒤섞어 죄송합니다."
빛: "사과할 것은 없습니다⋯⋯. 우선 답하기 쉬운 쪽⋯⋯ 두 번째 질문부터 가르쳐드리겠습니다. 이 질문에서도 당신은 두 부류의 질

문을 혼동하고 있습니다."

나: "?"

빛: "첫 번째 질문은 '모든 죽음에는 원래부터 의미가 있는가?'라는 것과…… 다른 하나는 '죽음 이후에 의미를 발견할 수 있는가?'라는 것입니다."

나: "그렇군요. 분명히 뉘앙스가 다르군요."

빛: "첫 번째 질문에 대한 답은 이렇습니다……. '태어나기 전부터 예정해 두었던 죽음에는 의미가 있습니다.'"

나: "예?!…… 그렇다면 '태어나기 전에 예정해 두지 않았던 예정 외의 죽음'이라는 것도 있을 수 있다는 말씀이신가요?"

빛: "그 질문에는 나중에 답해드리겠습니다. 우선 다른 한 가지 질문…… '죽음 이후에 의미를 발견할 수 있는가?'라는 의문에 대해서는 '그렇다'라고 답해드립니다. 어떤 죽음이든 무관합니다. 남은 사람들이 '그 죽음으로 무엇을 배울 것인가?'라고 인식하다면, 거기서 항상 배움의 기회, 즉 배움의 씨앗을 발견할 수 있기 때문입니다. 그런 의미에서 '모든 죽음에는 의미가 있는가?'라는 원 질문으로 다시 본다면, '모든 죽음에는 의미를 발견할 수 있다'라고 답할 수 있습니다."

나: "하지만 나는 참기 어려울 정도로 비참한 죽음에 직면하는 가족도 많이 목격했습니다. 그들에게는 도저히, '이 죽음에서 많은 것을 배웁시다!'라고는 말할 수가 없었습니다. 그들의 마음을 생각하면,

위로의 말조차 생각나지 않을 정도로 괴로웠습니다."

빛: "잘 알겠습니다. 그 부분에서는 나중에 중요한 것을 가르쳐드리겠습니다."

나: "그러면 그전에 최초의 질문에 답해주시겠습니까? '모든 죽음은 태어나기 전부터 예정되어 있던, 즉 피할 수 없는 운명으로서의 죽음인가?'라는 질문에 대해서요……. 과연 그렇다고 단언해도 용서받을 수 있습니까?"

빛: "용서받을 수 있는가 없는가의 문제는 아닙니다. 만약 '용서받을 수 있습니까?'라고 묻는다면, 물론 용서받을 수 있습니다. 당신이 '죽음의 슬픔에 잠긴 많은 사람을 구하고 싶다'라고 바라는 뜻에서 하는 말이라면, 모든 것은 용서받을 수 있는 것입니다."

나: "그러나 나는 진실을 알고 싶습니다."

빛: "우주의 진리를 알고 싶다는 말인가요?"

나: "물론 진리는 사람의 수만큼 존재한다는 것을 나도 잘 알고 있습니다. 인간사회에서는 그 사람이 믿는 신념이 바로 그 사람에게 진리인 것입니다. 그렇기 때문에 예를 들면, 다른 종교를 믿는 사람에게 물어보면 다른 진리를 말해주는 것입니다."

빛: "그렇다면 같은 이치로 당신이 믿는 신념이 바로 당신에게 진리가 아니겠습니까?"

나: "물질세계에 살고 있는 인간에게 물질세계라는 제약 속에서 이해 가능한 진리를 묻는다면 분명 진리란 그런 것입니다. 나도 인간사

회에서 보통 이상의 진리를 찾고자 하는 그런 불가능한 일은 바라지 않습니다. 그러나 지금 나는 이렇게 이쪽 차원에도 연결할 수 있습니다. 그러니, 파조가 높은 빛의 차원에서만 알 수 있다는 정신세계의 진리를 어떻게 해서라도 이해하고 싶습니다."

빛: "알겠습니다. 좋습니다."

나: "가르쳐주는군요."

빛: "아니요. 가르쳐주려는 것은 아닙니다. 왜냐하면 당신은 의식에 봉인을 하고 있는 것뿐이며, 이미 답은 알고 있기 때문입니다. 우리는 당신과의 대화를 통해 '물질세계에 사는 인간의 말을 사용하여 이쪽의 진리를 얼마만큼 정확하게 표현할 수 있을까?'라는 당신의 사명, 그 불가능에 도전하고자 하는 데 지나지 않습니다."

나: "그것이 바로 내가 이렇게 이 차원에 돌아온 이유란 말이지요?"

빛: "그렇습니다. 그러나……."

나: "그러나?"

빛: "그러나…… 사실은 당신에게 그 답을 기억해 내도록 하는 것이 좋을지 우리도 매우 망설이고 있습니다."

나: "예?"

빛: "당신이 지상에서 대단한 노력을 해서 사명을 다하고 있으며, 죽음에 직면하여 슬픔에 잠긴 많은 사람을 구해왔다는 것…… 그것을 잘 알고 있기 때문에 우리가 망설이고 있는 것입니다."

나: "……"

빛: "당신의 구제활동의 에너지원이 '모든 죽음은 예정대로의 순조로운 죽음이다……. 그러므로 슬픔에 잠길 것이 아니라 거기에서 많은 것을 배우면서 밝고 힘차게 살아가자'라는 신념이 대단히 수준 높다는 걸 우리가 잘 이해하기 때문입니다."

나: "그렇다는 말은 혹시 그런 내 신념이 잘못되었다는 것인지요?"

빛: "아니요. 잘못됐다는 것은 아닙니다. 애당초 사람을 구하겠다는 사명감 없이는 그 어려운 사명을 이룰 수 없겠지요. 그 사명을 다하기 위해서라도 '그 신념이 사실인가?'라는 것보다는 '어떤 신념의 효과가 가장 클까?'라는 개념이 꼭 필요하기 때문입니다."

나: "……"

빛: "그런 의미에서 '모든 죽음은 예정대로의 순조로운 죽음이다…. 그렇기 때문에 슬픔에 잠길 것이 아니라 거기에서 많은 것을 배우면서 밝고 힘차게 살아가자'라고 하는 신념이야말로 '사람들을 구제하기 위한 확실한 진리'인 것은 틀림없습니다."

나: "그러나 그러한 내 신념은 '사람들을 구제하기 위한 효과적인 진리'이기는 하지만 '정신세계에서 진정한 진리'는 아니라는 말이군요? …… 혹시 '예정 외의 죽음'이라는 것도 현실적으로 있을 수 있다는 겁니까?"

빛: "당신은 자기 자신의 훌륭한 신념을 절대로 굽힐 필요가 없습니다. 당신의 사명을 다하기 위해서는 당신의 신념이 가장 확실한 진리입니다. 그것을 먼저 분명히 말씀드리고 이제 이렇게 답변해드리

겠습니다…….”

나: “……”

빛: “영혼 자신이 물질세계에서 인간으로서 살아갈 인생을 계획한 후
자기가 선택한 육체에 연결해 갑니다. 그렇게 그 육체와 동화同化해
서 그 육체의 뇌를 조작하면서 인생이라는 ‘배움의 기회’를 보내는
것입니다.

나: “그것은 잘 알고 있습니다.”

빛: “그 인생을 보내는 물질세계라는 장소에서는 ‘시간과 공간’이라는
정신세계에 존재하지 않는 관념 속에서 여러 가지 특유한 물리적
현상이 일어난다는 것은 잘 알고 있지요?”

나: “물론입니다……. 그러나 그 물질세계라는 것은 원래가 우주의 본
질이며 정체인 ‘정신우주’가 스스로의 성장을 위해서 창조한 것이
지요?”

빛: “그렇습니다.”

나: “그렇다면 물질세계, 즉 ‘물질우주’ 속에서 일어나는 물리현상은
그것의 창조주인 정신세계, 즉 ‘정신우주’가 모두 다 알고 있는 사
실이며, 또한 그러한 모든 물리현상을 쉽게 컨트롤할 수 있는 것
아니겠습니까?”

빛: “……”

나: “나는 종교가는 아닙니다만, 만약 종교의 개념을 빌려 우주의 정체
인 ‘정신우주’를 ‘신God’이라고 부른다면 신은 전지전능할 것이므로

신에게 '예정 외의 일'이란 일어날 수 없지 않겠습니까?"

빛: "……"

나: "더욱이 물질세계에서 일어나는 모든 현상은 '직선적으로 진행하
는 시간'이라는 관념 속에서 일어나게 될 것입니다……. 따라서 영
혼의 처지에서 본다면, 시간이라는 관념에서 벗어나 있기 때문에,
물질세계에서 일어나는 모든 현상을 과거에서 미래까지 한눈에 파
악할 수 있지 않겠습니까? 그렇다면 결국 영혼들은 '이 시대의 이
지역에 태어나서 성장하는 인물로 인생을 보내면서 배워보자'라고
어떤 인물을 배움의 교재로 선택하는 시점에서 이미 그 결과를 모
두 알게 될 것입니다. 따라서 영혼들에게 '예정 외의 일'이란 일어
날 수 없지 않겠습니까!"

빛: "그런 생각이 당신 신념의 밑바탕이라는 건 잘 알고 있습니다."

나: "물론 인생설계 시점에서 이미 자기 선택이나 언행에 따라 인생이
바뀌게 될 '분기점'을 준비하기 때문에 어떤 인물의 인생은 그 분
기점의 수만큼 여러 패턴을 생각할 수가 있겠지요. 그러나 시간의
관념이 없는 정신세계 쪽에서 본다면 그러한 모든 패턴도 모두 알
고 있을 것이므로 '인생이 예정 외의 방향으로 가버렸다'라든가,
'예정 외로 죽어버렸다'는 등의 일은 벌어지지 않겠지요!"

빛: "……"

나: "그런 의미에서 인생이라는 배움의 기회에서는 어떤 현상이든 모
두 '예정대로의 순조로운 체험'이 아니겠습니까? 그렇지 않고 '인

생에서는 예정 외의 비극도 일어난다'라고 한다면, 태어나기 전에 인생설계를 한다는 필요성 자체가 없어지지 않겠습니까?"

빛: "……"

나: "가만히 있지 말고 뭐라고 말 좀 해주지 않겠습니까?"

빛: "…… 당신의 인식은 모두 옳습니다. 당신은 이제 '우주의 진리'를 완전히 이해했습니다. 정신세계와 물질세계의 구조를 물질세계의 개념으로 표현하고자 한다면 그와 같은 설명이 한계입니다."

나: "그렇다면 역시 '예정 외의 죽음 같은 것은 일어나지 않는다'라고 이해해도 된다는 말씀이지요?"

빛: "당신이 사명을 다하기 위해서는 그와 같은 이해야말로 진리인 것입니다."

나: "…… 정말로 그것으로 좋다는 말씀이지요? …… 무엇인가 숨기고 있지는 않으신지요?"

그때 내 주위에 있던 수많은 '반짝이는 빛'들이 일제히 더욱 빛을 발하며 진동을 시작했습니다. 그것은 마치 무엇인가를 의논하고 있는 느낌이었습니다.

그리고 이번에는 부드러운 녹색으로 느껴지는 다른 빛이 나에게 말을 걸어왔습니다. 그 빛은 죽음을 담당하는 빛과는 달리, '배움'이나 '깨달음', '성장' 등을 담당하는 빛으로 느껴졌습니다.

빛: "당신은 우리 동료입니다. 지금은 물질세계를 방문하여 시련이 가득한 지상의 최전선에서 사명을 감당하고 있지만, 당신이 이쪽 차원에 머물며 해줄 역할도 많습니다."

나: "?"

빛: "따라서 당신이 가지고 있는 지식과 동료인 우리가 가지고 있는 지식에는 차이가 없습니다. 당신이 찾고 있는 답은 이미 당신 안에 있습니다. 당신은 이미 '궁극의 빛'과 연결되어 모든 진리를 알고 있습니다."

나: "……"

빛: "당신은 '삶과 죽음의 경계'를 통과하지 않고 물질세계의 감각을 유지한 채 이 차원에 돌아왔습니다. 즉 당신은 자신이 '기억해낼 필요가 없는 지식'은 봉인해두고 있는 겁니다. '예정 외의 죽음은 있을 수 없다'라는 당신의 신념을 흔들 정보가 지금은 필요 없기 때문에, 당신 스스로 그 지식을 봉인해서 기억해낼 수 없게 한 것입니다."

나: "비록 그렇다 하더라도…… 왜 기억해낼 필요가 없는 것입니까?"

빛: "다시 물질세계에 돌아가 앞으로도 사람들을 격려해야 할 일을 해야 하기 때문입니다. 당신 사명을 방해할 수 있는 지식은 오히려 모르는 것이 바람직하겠지요."

나: "……"

빛: "동료, 이해하시겠습니까?"

나: "……"

빛: "당신은 이미 필요한 '우주의 진리'는 모두 기억해내고 있습니다……. 그 이상의 진리는 기억해낼 필요가 없습니다."

최종적인 진리

그런데 그 순간, '그 이상의 진리'라는 표현을 듣는 순간, 내 안에 깊은 곳에 봉인해두었던 '알 필요가 없는 지식'의 단편이 무심코 떠오르고 말았습니다.

그 순간 나를 둘러싸고 있던 빛들이 그 진동수를 변화했습니다. 아마도 내가 기억해낸 것을 알고 '그 지식'을 어떻게든 다시 내 안에 깊숙이 봉인하고자 하는 것 같았습니다. 순간 눈물이 날 정도로 깊은 감사가 나왔습니다.

"이 빛들은 나를 '동료'라고 칭할 정도로, 이렇게까지 나를 사랑하는구나……."

그 순간 맹세했습니다……. "어떠한 어려움도 피하지 않고 사명을 다하는 일에 도전하겠다고."

나는 빛의 동료들에게 약속했습니다.

나: "괜찮습니다……. 이미 봉인이 풀려 모두를 기억해내고 말았습니다……. 그러나 나는 보다 더 강하고 크게 빛나겠습니다. 인간사회로 돌아가면 지금 이상으로 열심히 사명을 감당하겠습니다."

빛들은 모두 격렬하게 진동하며 나를 격려해주었습니다. 나도 매듭을 지을 겸, 기억해낸 진리를 나 자신에게 확실하게 전달했습니다.

나: "정신우주의 진리……. 그 위에 그것을 넘어서는 또 다른 진리가 있습니다……. 정신우주의 진리라는 것은 우주의 본질이며 정체正體인 정신우주가 스스로에게 시련을 가하고 스스로를 성장시키기 위해서 창조한 여러 가지 구조적인 장치를 말합니다……. 그 장치의 하나로서 시간과 공간의 관념을 구비한 물질우주를 창조하여 거기에 정신우주의 구성요소이며 세포인 '영혼'들을 보내 여러 가지 물리적 체험으로 배우게 하여 정신우주 전체의 성장 기준인 '사랑'의 레벨을 높이고자 힘써왔습니다……. 그리고 정신우주란 '사랑' 그 자체이며, 거기에서는 완전한 조화가 유지되고 있습니다……. 따라서 당연히 그 창조물인 물질세계에서 일어나는 여러 사항도 정신우주에서 볼 때 모든 것이 환히 내다보이게 되어 있으며, 모든 물리적 현상을 조절할 수 있고, 어떠한 현상도 정신우주에서 본다면 모두 예정대로 순조로운 일입니다……. 그것이 정신우주의 진리란 말이지요?"

빛들은 가만히 바라보고만 있었습니다.

나: "그러나…… 그 위로 또 다른 진리가 있었습니다……. 그것은 정신
　　우주가 자신을 제대로 성장시키기 위해 스스로 장치한, 총정리적
　　인 교묘한 진리…… 말하자면 '최종적인 진리'가 있었습니다."

빛: "……"

비로소 그 진리를 말하고야 말았습니다.

나: "그것은 '자기 스스로가 예정한 순조로운 배움을 강제적이면서도
　　자동적으로 교란시키는 장치를 일부러 스스로의 내부에 심어 놓은
　　것입니다. 극한의 배움을 위해 예정 외의 혼란 상태를 스스로에게
　　강요했다.'는 것입니다!"

그 순간 빛들은 일제히, 이전보다 훨씬 심하게 진동하기 시작했습니
다. 나에게 이는 무언의 긍정이었습니다. 나는 계속 말했습니다.

나: "즉, '태어나기 전에 계획해 둔 인생이 예정대로 순조롭게 전개되
　　어 예정대로 희로애락을 통해 배운다'라는 것만으로는 그 배움의
　　범위가 한정되기 때문입니다. 그것은 '태어나기 전에 계획해 둔 인
　　생이기는 하지만 실제로는 자동교란 시스템이 강제적으로 작동하
　　여 혼란을 일으킨다'는 것입니다. 예정되어 있던 일이 일어나지 않

는다든지, 발생시기가 어긋난다든지, 예정 외의 사건이 생긴다든지 하면서 말이죠. 그럴 때 오히려 배움의 내용이나 강도, 성장하는 정도는 훨씬 더 커지기 때문입니다. 그래서 정신우주는 물질우주라는 배움의 장^場 안에 '시간과 공간'이라는 개념을 창조했고, '시간의 어긋남'과 '공간의 비뚤어짐'이라는 장치를 일부러 준비해 둔 것입니다. 그것이 바로, 물질세계에 사는 인간에게도 '생각지도 않은 때에 엉뚱하고 불합리한 일이 일어나거나 일어나야 할 때 일어나야만 하는 일이 일어나지 않는 현상'이 적지 않게 일어나는 이유입니다!"

그 순간 나는 나 자신이 터부시해 왔던 영역에 발을 들여놓고 말았습니다.

나: "따라서 인생에는 '예정 외의 죽음'도 있을 수 있습니다. 그 어떤 의미나 이유도 발견할 수 없는 너무나 슬프고 공허한 죽음이……, 그렇게 슬프고 공허하기 때문에 그 죽음에 관여된 사람들이나 그 죽음을 알게 된 사람들이 더 깊이 감동하고, 더 큰 배움을 얻을 수 있는 죽음이…… 그렇습니다. 얼핏 그 죽음은 의미 없는 죽음이기에 우리에게 깊은 절망감이나 허무함, 상실감을 줍니다. 하지만 바로 그 이유로 사람들에게 더 큰 배움의 기회를 준다는, 그 이상이 있을 수 없는 역설적이고도 탁월한 가치를 가지고 있는 겁니다!"

그 순간 앞서 대화를 해주던 희미한 붉은색 빛이 다시 나에게 말을 걸었습니다.

빛: "용케도 거기까지 깨달았군요. 이제 당신은 문제없이 잘 해낼 것 같습니다."

나: "……"

빛: "단 잊어서 안 되는 중요한 사실이 있습니다. '예정 외의 일'이 모든 영혼에게 일어나는 것이 아니라 일정 수준 이상의 배움을 쌓은 영혼에게만 작동하게 되어 있다는 것입니다."

나: "일정한 수준?"

빛: "배움의 초기 단계에 있는 영혼에게는 인생이 태어나기 전에 계획해둔 대로 인생이 순조롭게 전개됩니다. 시간이나 공간의 장난으로 일어나는 슬프고 공허한 시련에 맞서 대응할 준비가 아직 부족하기 때문입니다. 그래서 배움을 충분히 쌓은 영혼에게만 예정 외의 시련이 일어납니다. 절대 잊지 마십시오. 그리고 '그렇기 때문에 그와 같은 어려운 시련에 직면한 영혼은 그 시련에 맞서며 긍지를 가져도 좋습니다.' 이 사실을 인간으로 살아가는 영혼들에게 꼭 전해주십시오."

나: "알겠습니다. 그런 논리라면 '사는 보람론'으로 자신 있게 해낼 수 있습니다."

하지만 그 순간 나는 난처한 상황에 빠졌음을 깨달았습니다.

나: "그런데…… 곤란하게 되었습니다……. 이 구조적인 장치를 기억해낸 이상 인간사회에 돌아가 '어떤 죽음이라도 예정대로 순조로운 것입니다'라고 말할 수 없게 되었습니다……. 이렇게 되어서는 안 되기 때문에 이 장치에 대한 기억은 봉인을 해두었겠지요……. 하지만 앞으로도 '예상외의 죽음'이라고밖에 생각할 수 없는, 그어떤 의미도 발견할 수 없는, 너무나 슬프고 공허한 죽음을 많이직면할 것입니다. 그럴 때 깊은 절망감, 허무감, 상실감에 빠지는유가족들에게 뭐라고 말해 주어야 할까요?"

그러자 희미한 붉은색 빛은 상냥하게 미소 짓는 듯한 파조를 보이며이렇게 가르쳐주었습니다.

빛: "간단합니다……. 그저 같이 울고 같이 슬퍼해주면 됩니다. 그렇게깊은 슬픔에 빠진 분들에게는 유감스럽게도 당신의 논리적인 설명이나 인생론 같은 것은 전혀 효과가 없습니다. 그런 분들을 구하는방법은 단 하나…… 같이 울고 같이 슬퍼하는 '마음의 동반자'가되어 드리는 것밖에 없습니다.

나: "마음의 동반자?"

빛: "설명하려고 하지 말고 공유하십시오……. 인도하겠다는 생각을

갖지 말고 같이 지낸다고 생각하세요……. 그냥 그들과 같이 울고 같이 슬퍼하며 마음의 동반자가 되고자 하면 되는 것입니다."

나: "알겠습니다……. '예정 외의 죽음'을 대할 때는 그저 그 유가족에게 마음의 동반자가 되어 보겠습니다."

바로 그 순간, '인생은 태어나기 전에 계획된 것인가?'라는 인생론의 기본 명제는 그 의미를 잃었습니다. 어차피 예정 외의 사건이 생길 바에야 결국은 '눈앞에 나타나는 시련을 그때마다 어떤 마음가짐으로 어떻게 적절하게 대처해나가는가?'라는 것……. 결국 인생이란 그 되풀이에 지나지 않기 때문입니다. 즉, 인간이 해야 할 일이란 '언제 어떤 시련이 닥치더라도 참고 견디기 힘든 것을 견디며, 울고 싶으면 울고, 기대고 싶으면 기대며 도전을 포기하지 않는 것, 시련을 극복하고자 노력하는' 길밖에 없는 것입니다.

무겁던 마음이 비로소 가벼워졌습니다. '의미를 발견할 수 없는 비참한 죽음'을 또 만나더라도 억지로 그 의미를 찾으려 할 필요가 없다는 걸 깨달았기 때문입니다. 그럴 때는 설명을 한다든지, 인도하려 하지 말고 그저 '마음의 동반자'로서 같이 울고 같이 슬퍼해주면 된다는 걸 깨달았기 때문입니다.

'트윈 소울'의 수수께끼가 풀리다

반드시 만날 수 있을까?

드디어 '최종적인 진리'를 기억해내 의문이 풀리자, 비로소 여태 마음에 걸리던 '트윈 소울'에 관한 의문을 꺼내봤습니다.

전 작품《소울메이트》에서 말했던 바와 같이, 결혼에는 '프로젝트형'의 결혼과 '트윈 소울형' 결혼이 있습니다. 태어나는 순간, 하나의 영혼이 둘로 나뉘어 별개의 육체에 연결되었을 때 이 두 영혼을 '트윈 소울'이라고 부릅니다. '트윈 소울'형의 결혼이란 이런 두 사람의 트윈 소울이 예정대로 만나 결혼하게 됨으로써, '육체는 둘이지만 영혼은 하나'라는 일심동체의 부부로 살아가는 것을 말합니다. (상세한 것은《소울메이트》를 참조하기 바랍니다.)

트윈 소울형 부부의 특징은 서로가 큰 안정감으로 결합되어 있다는 점입니다. 그들이 서로에게 크게 신경을 안 쓰고도 얼마든지 잘 지낼 수 있는 이유입니다. 원래 한 영혼이 두 개의 별도 육체로 나눠진 것에 지나지 않기 때문에, 즉 자기의 분신을 상대하는 것과 같기 때문에 아주 자연스러운 자기 자신으로 지낼 수 있습니다.

단, 간혹 오해할 수 있는데, 트윈 소울이라고 해서 성격이나 취미, 기호, 사상이나 가치관 등까지 일치하는 것은 아닙니다. 이런 것들은 많은 부분이 태어난 지방이나 가정환경, 교육이나 출신 학교, 친구나 연인 등 여러 요인으로, 태어난 후에 형성된 것입니다. 그래서 태어나기 전부터 가지고 있던 '영혼으로서의 개성'을 직접 반영하진 못합니다. 원래 같은 영혼이 둘로 나눠진 것뿐이라고 해도 태어난 후 쌓아올린 경험에 의해 전혀 다른 성격이나 가치관을 가지게 되는 것은 극히 자연스럽습니다.

따라서 트윈 소울형의 부부를 특징짓는 것은 결코 '같은 성격이나 가치관을 가지고 있다'라는 것이 아닙니다. 오히려 성격이나 가치관이 전혀 다름에도 불구하고 '이 사람과는 왠지 다른 사람과는 비교가 되지 않을 정도의 안정감으로 결합한다'라는 것입니다. 따라서 트윈 소울형 부부는 성격이나 가치관이 다름에도 불구하고 싸우는 일이 없고, 비록 의견 차이가 명백하게 드러나도 자연스럽게 대화로 문제를 원활하게 처리할 수 있습니다.

서로가 상대에게 절대적인 신뢰를 가지고 있기 때문에 항상 '있는 그대로의 자기 자신'으로 있을 수 있으며, 더욱이 그 신뢰 관계를 유지하기 위해서 노력할 필요조차도 없습니다. 단지 '있는 그대로의 자기 자신'으로 존재하는 것만으로도, 주변에서 이상해 할 정도로 잘 지냅니다.

이 '트윈 소울'에 관한 대한 설명을 더 듣고 싶었습니다.

나: "트윈 소울이라는 현상은 어떻게 해서 생기는 것입니까? 그리고 트윈 소울은 반드시 만나게 되고, 또 반드시 결혼할 수 있는 것입니까? …… 아니면 트윈 소울이라고 할지라도 서로 만나지 못하고 인생을 마치게 된다든지, 비록 만난다 하더라도 결혼할 수 없는 경우도 있습니까?"

내 질문에 이번에는 또 다른 빛이 답해주었습니다. 그 빛은 무엇이라고 형용할 수 없는, 마치 엷은 핑크색 진주와 같이 느껴졌으며, '궁극의 빛'에 가장 가까운 색으로 느껴졌습니다.

단 이때까지의 빛처럼 '담당 분야'는 뚜렷하게 느낄 수 없었습니다. 굳이 말한다면 '성恍', '사랑', '인간관계' 등의 단어가 떠오르는 은은한 아름다움을 나타내는 빛이었습니다. 하지만 그 정체는 확실하지 않았습니다.

빛: "당신 질문의 뒷부분에 먼저 답을 드리겠습니다. 어떤 시련에서든 우주의 기본 원리는 똑같이 작용합니다. 따라서 당신이 '예정 외의 죽음'을 기억해낸 것과 같은 원리가 인간 사회에서 성적 관계에서도 작용합니다.

나: "그렇다면 트윈 소울로 태어나 어느 시기에 만나서 결혼하게끔 계획해두었다 하더라도 우주가 스스로에게 가한 궁극의 시련으로서의 '시간의 어긋남'이나 '공간의 비뚤어짐'으로 '결혼해야 할 상대와 예정된 시기에 예정된 장소에 만나지 못하는' 현상이 생길 경우

도 있다는 말이네요?"

빛: "그렇습니다."

나: "와우…… 충격적인 일입니다."

빛: "단 이와 관련해서도 어디까지나 일정한 수준 이상의 배움을 쌓은
영혼에게만 작동하게 되어 있습니다. '죽음'처럼 이미 충분한 배움
을 쌓은 영혼에게만 예정 외의 시련이 생기는 겁니다. 그렇기 때문
에 그런 시련에 직면한 영혼은 긍지를 가져도 좋습니다. 이를 인간
으로 사는 영혼들에게 꼭 전해주기 바랍니다."

나: "부탁드립니다……. 좀 더 구체적으로 가르쳐주십시오. 비록 결혼
해야 할 상대가 예정된 시기에 예정된 장소에 나타나지 않는다 하
더라도…… 그래도 몇 년 후나 몇 십 년 후에는 지구상 어딘가에
서 반드시 만나게 되는 것일까요? …… 아니면 인생을 끝마칠 때
까지 서로를 찾으면서도 결국 만나지 못한 채로 끝나는 수도 있습
니까?"

빛: "그것은 서로가 만나기 원하는 의지의 강약에 따라 다릅니다. 비
록 만나지 않아도, 아무리 떨어져 있어도 영혼의 수준에서는 반드
시 연결되어 있습니다. 만약 '시간의 어긋남'이나 '공간의 비뚤어
짐'에 휩쓸려 예정된 시기에 예정된 장소에서 만나지 못한다고 해
도 서로가 강한 만남의 의지를 잃지 않는다면 결국은 어디선가 만
나게 될 겁니다."

나: "언젠가는 반드시 만날 수 있다고 약속할 수 있습니까?"

빛: "약속해도 좋습니다……. 서로가 만나고자 하는 강한 의지를 잃지 않는다면 반드시 만나게 될 겁니다."

나: "어떻게 그렇게까지 단언할 수 있습니까?"

빛: "죽음은 일단 한번 닥쳐오면 모든 것이 끝납니다. 하지만 사랑의 기회는 몇 번이고 다시 생기기 때문입니다. 상대가 '예정 외의 죽음'을 당하지 않는 한 그리 멀지 않은 장래에 운명의 끈은 반드시 둘을 결합시킬 것입니다."

나: "그렇다는 말씀은, 만약 상대가 '예정 외의 죽음'을 맞이한다면 역시 살아 있는 동안에 만날 수 없게 되겠네요?"

빛: "당연하지요……. 상대가 육체를 잃게 되는 것이니까요."

나: "그렇군요……."

빛: "그러나 서로가 육체를 가지고 있는 한 머지 않아 운명의 끈이 둘을 결합시킬 겁니다."

나: "그렇게 멀지 않은 미래라는 것은 어느 정도 앞을 말하는 것입니까?"

빛: "그것은 트윈 소울인 두 사람 앞에 놓인 조건이나 상항에 따라 결정됩니다. 불과 며칠이나 몇 주 후에 만날 때도 있고, 수 년 후, 수십 년 후가 될 수도 있습니다. 그러나 '시간의 어긋남'이나 '공간의 비뚤어짐'이 생길 때는 조금 다릅니다. 우주가 자기 치유력으로 이를 수정하려 하기 때문에, 보통은 인간사회에서 말하는 수년에서 수십 년 범위 내에 만나게 될 겁니다."

나: "우주의 자기 치유력?"

빛: "어긋난 시간은 원π 시간으로 되돌아오려고 하며, 비뚤어진 공간
은 원 공간 되돌아오려고 합니다."

나: "그것은 좋은 소식입니다만……."

빛: "안심하세요."

나: "그러나…… 본래의 트윈 소울과 만날 때까지 기다리지 못하고 깜
박 잘못하여 다른 영혼과 결혼해버리는 경우도 있을 수 있지 않습
니까?"

'예정 외의 결혼'이란 있는 것일까?

나는 대화의 틈을 타 꼭 듣고 싶었던 것을 물어보았습니다. 즉 '무심코
잘못해버린 결혼'이라는 것도 있을 수 있는가 하는 것입니다.

빛: "그것도 또한 그 영혼의 성숙도에 따라 결정됩니다. 배움의 초기
단계에 있는 영혼은 예정 외 행동의 재량 범위가 좁기 때문에 결혼
과 같은 큰 의사 결정에 관해서는 태어나기 전에 계획한대로밖에
는 선택할 수가 없습니다. 그러나 이미 많은 배움을 쌓은 영혼에게
는 예정 외 행동의 재량 범위가 넓기 때문에 상당히 자유롭게 인생
을 전개할 수 있습니다. 단, 그 예정 외의 결혼을 '잘못된 결혼'이라
고 불러도 좋다고는 생각하지 않습니다. 어떠한 결혼이든 많은 배

움을 얻을 수 있기 때문입니다. 결혼은 '배움의 기회'이기 때문에, 어떤 결혼이라도 그것으로 많이 배울 수만 있다면 그것은 '잘못'이나 '실패'가 아닙니다.

나: "즉 '무심코 예상외의 상대와 해버린 결혼'도 있을 수 있지만 그렇다고 '아무 의미가 없는 잘못된 결혼'이라고 말할 수는 없다는 말이군요?"

빛: "결혼은 목적이 아니라 수단입니다. 결혼은 배움의 한 가지 수단에 지나지 않습니다. 그리고 '결혼하지 않는다'는 것 또한 결혼을 통한 하나의 배움인 것입니다."

나: "그렇군요……. 배움을 많이 쌓은 영혼일수록 예정 외의 재량의 범위가 넓게 인정된다는 말인데…… 예를 들자면 그 구조는 이렇네요. 초등학생은 선생님이 주는 교과서 내용을 그대로 배울 수밖에 없지만, 대학생이 되면 좋아하는 것을 자유롭게 배울 수 있습니다. 그렇죠?"

빛: "그렇습니다. 자유의 범위가 넓어질수록 자기 책임도 무거워진다는 점에서도 마찬가지입니다. 또 자유의 범위가 넓어질수록 무심코 '예정 외의 행동'을 해버릴 위험성도 높아집니다."

나: "그렇다면 자유의 범위가 넓은 영혼이 무심코 트윈 소울이 아닌 상대와 결혼해버린다면 그 후는 어떻게 됩니까?"

빛: "결혼이란 양자의 합의에 의해 성립하는 것이니까 그럴 때는 상대편도 자유의 법위가 넓은 영혼일 것입니다. 자유의 범위가 좁은 영

혼을 상대로 하는 '예정 외의 결혼'이라는 현상은 결코 일어나지 않습니다. 따라서 배움을 제법 쌓은, 자유의 범위가 넓은 영혼끼리니까 예정 외의 인생 전개에서도 그 나름의 대응 능력을 가지고 있습니다."

나: "대응이라는 것은…… 예를 들면 '이 상대는 트윈 소울이 아니라고 깨닫고 이혼을 한다'라든지, '이 상대는 트윈 소울이 아니라고 느끼면서도 상대와 결혼생활을 즐길 수 있다'라는 것입니까?"

빛: "그런 대응도 포함됩니다. 대응 방법은 각각 자유이며 정해진 정답은 없습니다. 그 인물 나름의 적절한 대응 방법을 모색하여 실현할 수 있습니다."

나: "그러나 만약 트윈 소울이 아닌 상대와 결혼한 후 '시간의 어긋남'이나 '공간의 비뚤어짐'에 수정 작용이 생겨 예정 외의 시기나 장소에서 트윈 소울과 만난다면 어떻게 되겠습니까?"

빛: "트윈 소울과 만나게 된다면 서로가 반드시 사랑에 빠질 것입니다. 서로가 처해 있는 상황과는 관계없이 짧은 시간에 서로 깊이 사랑에 빠질 것입니다."

나: "그렇지만 그 시점에 서로가 이미 결혼한 상대가 있고, 아이가 있을지도 모릅니다. 어떻게 하면 됩니까?"

빛: "방법은 두 가지밖에 없습니다. 하나는 서로 이혼해서 트윈 소울과 재혼하는 것입니다. 또 하나는 그 시점의 결혼을 유지하면서도 트윈 소울과 사랑을 확인하면서 살아가는 것입니다. 트윈 소울과의

사랑을 버리는 것은 불가능하니까요.”

나: “말은 그래도 인간사회에서 살다보면 그렇게 간단하지 않습니다. 자녀 문제를 생각하면 이혼할 수 없을 때도 많을 것이며, 역으로 이혼하지 않은 상태로 다른 트윈 소울을 사랑한다는 것은 인간으로서 죄스러운 일이 되지 않을까요?”

빛: “그런 수준의 구체적인 문제가 되면 내가 말할 수 있는 것이 못됩니다. 그러나 ‘인간으로서의 죄’와는 별개로 ‘영혼으로서의 죄’도 존재합니다.”

‘영혼으로서의 죄’란 무엇인가?

그 말을 놓치지 않았습니다.

나: “영혼으로서의 죄?”

빛: “그것은 ‘트윈 소울을 만나면서도 사랑의 교환을 소홀히 한다’는 것입니다. 단 트윈 소울을 만나게 되면 사랑의 교환을 소홀히 한다는 것이 불가능합니다만…….”

나: “트윈 소울이란 그렇게 강력한 존재입니까?”

빛: “어쨌든 모든 인간관계, 모든 영혼간의 관계는 거기에서 충분히 배우기 위한 재료입니다. 트윈 소울과 만나 어떤 선택을 하더라도 그 희로애락으로 많이 배우면 되는 것입니다.”

나: "알겠습니다……. 이 이상 구체적인 것은 인간사회에서 살면서 배우는 재료이므로 정답은 없다는 거군요……. 어떤 선택을 하던 거기서 많이 배우면 합격이고, 배우지 않겠다고 한다면 불합격이 된다는 말이군요?"

빛: "합격이나 불합격이란 표현이 정확하진 않지만, 인간의 언어로는 그렇게 표현해도 괜찮을 겁니다. 어쨌든 육체를 떠날 때는 누구나가 겸허하게 인생을 되돌아보고 많이 배우게 되는 것이니까요. 그러니 엄밀히 말한다면, '배움이 부족하기 때문에 불합격이다'라는 것은 있을 수 없습니다."

그때 절대로 놓칠 수 없는 질문이 하나 떠올랐다.

나: "트윈 소울끼리 반드시 만난다 하더라도…… 혹시나……."

나는 무의식중에 물음을 주저하게 되었습니다.

나: "혹시 결혼 상대로서가 아니라 다른 관계의 인물로서 만나도록 계획해두는 일도 있을 수 있을까요?"

빛은 바로 답변해주었습니다.

빛: "물론 있습니다……. 그것도 당신 상상보다 훨씬 많은 영혼 사이에서."

너무 놀라 어리둥절한 모습을 숨길 수 없었습니다.

트윈 소울은 결혼 상대에만 한정되지 않는다고?

나: "그렇다는 건, 만나게 되어도 결혼을 할 수 없다…… 부부가 될 수
    없도록 예정되어 있을 수도 있다는 말인가요?"

빛: "그렇습니다. 그러나 결코 슬퍼할 일은 아닙니다. 왜냐하면 비록 결
    혼을 안 하더라도 마음속으로는 부부와 같은 형태로 지낸다든지,
    남녀 관계를 넘은 진정한 반려로서 서로 돕는 경우도 있습니다."

나: "그것은 즉…… 하나의 영혼이 결혼 상대가 아닌, 일과 관련한 반
    려나, 같은 사명을 다하기 위한 동료로서 둘로 나뉘어 태어난다는
    말씀인가요?"

빛: "그렇습니다. 트윈 소울은 대부분 결혼 상대로서 나타나지만, 그
    외에 큰 목적을 달성하기 위해 일심동체가 되어 서로 돕는 최고의
    반려로 나타나는 경우도 적지 않습니다."

나: "예를 들면, 트윈 소울이 아닌 프로젝트형의 다른 결혼 상대와 부
    부생활을 영위하면서 별도의 장소에서 일을 같이 하는 동료로서,
    같은 사명을 감당하는 동료라는 형태로의 트윈 소울도 있을 수 있
    겠네요?"

빛: "물론입니다."

나: "그런 때는 트윈 소울끼리 남녀의 연애관계에 빠질 가능성이 높지 않겠습니까?"

빛: "여러 경우가 있어 일반화할 수는 없습니다. 남녀로서의 연애 감정이 생기지 않도록 짜여 있을 때도 있고, 같은 성ᵗ이기 때문에 연애 감정이 강력한 우정으로 결합되도록 짜일 때도 있습니다."

나: "그렇다면 반드시 남녀로서…… 한쪽이 남성, 다른 한쪽이 여성으로 태어난다는 형태만 있는 것이 아니군요?"

빛: "그렇습니다. 같은 성으로 태어나서 최고의 동료로서 서로 돕는 경우도 있습니다."

나: "그렇군요……. 비록 어떤 관계든 서로가 육체를 가진 채 만나 남녀의 사랑이든, 강한 우정이든, 소위 말하는 '조건 없는 사랑ᴬᵍᵃᵖᵉ'의 관계로 함께 성장해 나가는 것은 참 행복하겠습니다."

빛: "그렇습니다."

나: "그렇지만 만약 트윈 소울로서 만나게 되어 있던 상대가 '예상외의 죽음'을 당한다면 혼자 쓸쓸이 여생을 살아갈 수밖에 없겠네요……."

빛: "아닙니다. 그 표현은 완전히 잘못된 것입니다. 결코 혼자 쓸쓸이 여생을 살아가지 않습니다."

나: "육체를 가지고 있는 인간 이외의 형태로 만난다는 말씀인가요?"

빛: "트윈 소울은 원래 하나의 영혼이 둘로 나눠져 별개의 육체를 가지

고 태어난 것입니다. 따라서 그 어느 한쪽이 육체를 잃게 되는 경우는 그 시점에서 곧 다른 살아 있는 육체와 동화同化하여 원래의 한 영혼으로 되돌아가 살아가게 되는 것입니다. 따라서 그 시점에 그 인물은 잠재의식에서 '자기의 트윈 소울이 육체를 잃었다'는 사실을 알게 되므로, 결혼 상대를 찾겠다는 의욕도 상실하게 됩니다. 그 사람은 결혼 이외의 일에 흥미를 가지며 그 후의 인생을 배우게 되는 것입니다. 그런 인생도 그것으로 행복한 인생입니다."

나: "그렇군요……. 원래 하나의 영혼이었기 때문에 단순히 원래의 하나로 되돌아가는 것뿐이라는 의미네요……. 트윈 소울의 존재를 말하는 최면 피험자나 임사체험자도 적지 않습니다. 하지만 물질세계에서는 '영혼'을 '한 개의 둥근 고체' 형체로 시각화하기 때문에 '둘로 나뉜다'는 현상이 잘 그려지진 않습니다."

빛: "그렇다면 우리와 함께 '삶과 죽음의 경계'에 가봅시다. 그러면 잘 알게 될 겁니다."

나: "예!? '삶과 죽음의 경계'에!?"

나는 엉겁결에 되물었습니다.

삶과 죽음의 경계

트윈 소울의 탄생

빛: "괜찮습니다. 물론 '간다'는 것은 물질세계의 표현으로 설명한 것이고 실제로는 '의식을 연결한다'는 것뿐입니다. 그리고 우리가 당신을 꼭 '붙잡고' 있으니까, 당신이 완전히 가버리는 것은 아닙니다."

나: "혹시라도 '시간의 어긋남'이나 '공간의 비뚤어짐'에 말려들어가는 건 아니겠지요?"

빛: "걱정하지 마세요. '시간의 어긋남'이나 '공간의 비뚤어짐'은 물질세계에서만 생기는 것이니까요……. 당신의 영혼은 이디까지나 이쪽 차원에 머물고 있습니다."

나: "이해했습니다……. 실례했습니다."

빛: "자, 그러면 '삶과 죽음의 경계'를 조금 멀리서 엿보도록 하지요."

그 순간 내 앞에 어떤 광경이 떠올랐습니다.

온화한 빛 속에 지구가 떠 있습니다. 평소에 우리가 보는 물질우주는 어두운 우주지만 정신우주는 빛으로 가득 차 있습니다.

그 온화한 빛 속에서 반짝이는 작은 빛을 띤 구슬의 윤곽이 무수히 많이 떠올라 아름다운 빛의 구슬이 되어갑니다. 정신우주로부터 무수히 많은 영혼이 태어나는 순간입니다. 각 영혼마다 개성이 있습니다. 영혼마다 반짝이는 정도나 크기, 색채 같은 것이 모두 다른 것처럼 보입니다.

나: "그런데…… 영혼들은 왜 개성을 가지고 있습니까?"

빛: "영혼마다 이때까지 쌓아온 배움의 역사가 다르기 때문입니다. 물론 앞으로 태어날 인생에서도 배움의 주제나 내용, 방법은 모두 다릅니다."

그렇게 차례차례 생겨나는 무수한 영혼의 반수 이상…… 7할 아니 8할 정도가 둘로 나눠져 가는 것이 보입니다. 단, 나눠졌다고 해서 개개 영혼의 크기가 2분의 1로 작아지는 것이 아닙니다. 나누어져도 각각은 같은 크기 그대로입니다. 그것이 바로 트윈 소울의 모습이었습니다.

둘로 쪼개진 영혼들은 곧 지구상의 다른 장소로 뛰어 들어갑니다. 원래 하나였던 영혼의 쌍은 대부분 비슷한 장소, 즉 가까운 장소로 내려갑니다. 그중에는 상당히 멀리 떨어진 지역으로 가서 태어나는 커플도 보입니다.

그 속에서 나는 놓쳐서는 안 되는 영혼들을 발견했습니다.

나: "저것 봐!?…… 둘이 아니라 셋으로 나눠져 나가는 영혼이 보이는
것 같은데……?"

빛: "극히 드물지만, 둘 이상의 복수로 나누어지는 것도 인정되고 있습
니다. 그럴 필요가 있다고 인정되기 때문입니다."

나: "예!? …… 트윈 소울이라는 것이 반드시 둘로 나눠져 한 조를 이루
는 것이 아닌가요?"

빛: "대부분은 둘로 나눠집니다. 다만 영혼은 물질이 아니기 때문에 몇
조각으로도 나눠질 수 있으므로, 그 이상의 수로 나눠져 가는 것이
효과적인 배움으로 연결되는 경우도 있습니다. 예를 들면, 셋의 형
제자매로 태어날 때도 있습니다."

나: "예를 들면 세 사람의 인물로 태어나서 중국의 '삼국지'와 같이 서
로 적이 되어 싸우는 경우도 있습니까?"

빛: "아니오. 그것이 일반적인 소울메이트와 트윈 소울과의 본질적인
차이입니다. 일반적인 소울메이트의 관계에서는 본래 굉장히 친한
영혼들이지만, 일부러 서로 적이 되어 싸움이나 화해를 통해 배우
는 경우도 적지 않습니다. 그러나 트윈 소울은 원래 한 영혼이며,
영혼으로서의 파조가 동일하므로 서로가 끌리고 사랑할 수는 있어
도 서로 적이 될 수는 없습니다. 예를 들어, 인생의 사명이 반드시
이루어져야 할 것이라면, 또한 둘 이상으로 태어나는 것이 효과적
일 때는 얼마든지 그렇게 인생을 설계할 수 있습니다."

나: "그렇군요……. 우주의 구조는 정말 합리적인데요?……"

그때 '죽음'을 담당하고 있는 다른 빛의 메시지가 전달되어 왔습니다. 그 빛은 '죽음'뿐만이 아니라 '삶', 즉 '탄생'도 담당하고 있는 것 같았습니다. '죽음'이 '삶'을, '삶'이 '죽음'을 담당한다는 것이 역설적이지만, 합리적이라고 느껴졌습니다.

빛: "거기는 우리가 '삶과 죽음의 경계'라고 부르고 있는 차원입니다. 당신은 지금 탄생하는 영혼에 의식을 연결하고 있습니다. 이 경계를 통과하며 영혼들은 정신우주에 관한 기억을 의식의 깊숙한 곳에 봉인합니다. 나중에 다시 육체를 떠나 되돌아올 때 그 기억을 되살려냅니다. 당신은 이 경계를 통하지 않고 직접 정신우주에 돌아왔기 때문에 물질세계의 감각을 유지하고 있는 것입니다. 그렇기 때문에 당신은, 정신우주의 진리를 물질우주에 살고 있는 인간들에게 인간의 감각이나 말을 사용해서 전달할 수 있죠. 그렇기 때문에 당신의 사명을 더욱 효과적으로 이룰 수 있는 것입니다. 그 감각과 기술을 높이기 위해 당신은 잠시 여기 돌아와 있는 것뿐입니다."

나: "그 말씀은…… 예를 들면 나는 일종의 기업체 연수와 같은 것을 받기 위해 이쪽 차원에 와있다는 말이군요?"

빛: "인간사회에서 말하는 연수와 같은 것은 아닙니다. 왜냐하면 당신과 우리는 같은 처지에 있는 동료이며, 교사와 학생과 같은 상하관계는 아니기 때문입니다."

나: "그러나 아무리 생각해도 나보다는 당신들 쪽이……."

빛: "그것은 단지 역할 분담이나 순번의 문제에 불과합니다. 이번에는
당신이 인간사회의 최전선에 파견되어 사명을 감당하고 있는 것입
니다. 당신 대신 우리가 인간사회에 태어날 수도 있습니다. 당신도
우리도 인간사회의 여러 시대에 여러 지역으로 태어나게 됩니다.
정신우주는 자기 치유의 일환으로, 그리고 효과적인 배움의 장치
로서 우리와 같은, 잃어버린 영혼을 구하고 격려하기 위한 존재를
여러 형태로 준비해두었습니다……. 당신도 지금은 기억을 지워버
리고 있지만, 우리도 똑같은 같은 역할을 담당하는 동료가 아니겠
습니까?"

그때 반짝이는 빛들이 일제히 내 이름 같은 것을 불러주었습니다. 그러
나 그 이름은 육체로 돌아온 순간에 완전히 기억에서 지워져버렸습니다.

지금 그 이름을 아무리 기억해 내려고 해도 떠오르지 않습니다. 일본
어로 고친다면 세 글자 전후로 번역되는 것 같다는 희미한 기억만이 남아
있습니다. 지금 나에게는 그 이름을 기억할 필요가 없는 것이 분명합니다.

다중 인격의 구조

'삶과 죽음'을 담당하는 빛은 나에게 다른 곳으로 옮겨갈 것을 권했습
니다.

빛: "그러면 이번에는 육체를 떠나 정신우주로 되돌아오는 영혼들에게 의식을 연결해봅시다."

그랬더니 이번에는 반대로, 지구를 떠나 빛의 세계로 융합해 들어오는 수많은 영혼이 보였습니다. 그 빛들 중에는 굉장히 눈부시게 반짝이는 빛이 있는가 하면 흐리멍덩하게 어두운 빛도 보입니다. 같은 빛이라도 역시 모두 다른 개성을 가지고 있었습니다.

빛: "인생을 끝마치려는 영혼들은 이 차원을 지나며 지나온 인생을 스스로 반성하고 평가합니다. 그 결과 '다시 인간사회에 되돌아가 배움을 계속하고 싶다'고 원하는 영혼은 재차 원래의 육신에 연결됩니다.

그 순간, '원래의 육신에 되돌아가고 있는 영혼'의 모습을 보고 싶다고 생각이 들었습니다. 하지만 이번에는 그 이미지가 제대로 떠오르지 않았습니다. 그 순간, 반짝이는 빛들이 당황한 모습으로 나를 제지하기 시작했습니다.

빛: "그렇게 하면 안 됩니다. 원래의 육신으로 되돌아가고자 하는 영혼과 당신이 연결되면 그쪽 영혼들의 파조에 변화가 생길 수 있기 때문입니다. 당신 이외의 영혼이 당신의 육신에 연결될 수도 있습니다!"

나: "네!? 다른 영혼이 내 육신으로 들어오는 것도 가능합니까?"

빛: "좀처럼 일어나지 않습니다만 특정 조건이 구비되면……, 예를 들면 육체를 떠나 '삶과 죽음의 경계'로 가고자 하는 영혼이 자칫 갑자기 생긴 '시간의 어긋남'이나 '공간의 비뚤어짐'에 휘말려 들어간다면 그렇습니다. 그 영혼의 파조가 변해버릴 수 있기 때문입니다. 그럴 때 영혼은, 악의는 전혀 없지만, 다른 사람의 육신을 원래의 자기의 육신으로 착각하고 연결될 때가 있습니다."

나: "그렇게 되면…… 잘 모르겠습니다만…… 어떻게 되는 겁니까?"

빛: "그럴 때는 그 사람의 뇌에 원래 연결되어 있던 영혼과 나중에 잘못 연결된 영혼 의식이 복수複數로 혼재하게 됩니다."

나: "복수라고 하면…… 많은 영혼이 깜박 착각을 일으켜 한 사람의 육체에 연결된다는 겁니까?"

빛: "그렇습니다. '시간의 어긋남'이나 '공간의 비뚤어짐'에 말려 들어간 영혼들은, 악의는 전혀 없겠지만, 같은 순간 한꺼번에 특정 시대의 특정 인물에 연결될 때가 있습니다."

나: "그럴 경우 그 사람은 어떻게 됩니까?"

빛: "하나의 육체, 하나의 뇌에 여러 인격이 연결되는…… 즉 인간사회에서 말하는 다중 인격과 같은 상태가 됩니다. 각각의 영혼에 악의는 없지만, 그 육체를 자기 마음대로 다루려고 합니다. 그 육체를 자기의 것으로 착각하기 때문입니다. 그것이 하나의 육체에 복수의 인격이 나타나는 이유입니다."

나: "그렇게 되면 어떻게 하면 좋습니까?"

빛: "그럴 때는 그 인물과 연결된 모든 영혼에게 말을 건네 원래의 본인 영혼 이외의 영혼들에게 '이 육체는 당신의 것이 아니다'라는 사실을 설득합니다. 그 영혼들이 납득해준다면 아마 떠날 겁니다."

나: "어디로 떠난다는 겁니까?"

빛: "원래 그 영혼이 연결되어 있던 육체로 돌아가는 것이지요."

나: "그렇지만 그 육체는 어느 시대에 어디에 존재하고 있는지 모르게 되어버렸을 텐데요?"

빛: "그렇습니다. 그 영혼의 힘만으로는 원래의 파조로 되돌릴 수는 없습니다."

나: "정말로 가엾은 영혼들이네요. 단지 '시간의 어긋남'이나 '공간의 비뚤어짐' 때문이니까요."

빛: "그렇습니다. 그런 영혼을 구제하는 것도 우리의 역할입니다. 그렇게 말하는 당신도 물질세계 쪽에서 그 역할을 담당하고 있지 않습니까?"

나: "일이 그렇게 되는 군요……. 나는 되도록 깊게 생각하지는 않으려 했습니다. 단지 내 앞에 있는 영혼의 요청에 순수하게 응해주었던 것뿐이니까요. 나에게도 인간으로서의 고민이 있는데, 다른 영혼의 고민까지 짊어질 여유는 부족했습니다."

빛: "당신의 수고는 잘 알고 있습니다. 하지만 그것이 시련일지라도, 그것은 인간사회의 최전선에서 감당하는 당신의 귀한 사명입니다. 당신도 그 사명으로 더 귀중한 배움을 쌓고 있습니다."

영혼이 빠져나간 육체

나: "감사합니다……. 그런데 왠지 걱정되는 게 있는데…… 되돌아와야 할 영혼이 돌아오지 않는 육체는 어떻게 되는 겁니까?"

빛: "영혼이 빠져나간 육체는 인간사회의 표현으로 이야기하자면…… 아니, 그것은 말 안 하는 게 좋겠습니다."

나: "왜요?"

빛: "지금 영혼이 빠져나간 상태에 있는 당신의 육체를 보면 알 수 있지 않습니까? 어차피 원래의 육체로 되돌아갔을 때 주위 사람들에게 물어보면 될 일이니까요."

나: "내 육체는 지금 어떻게 되어 있습니까?……. 걱정되네요. 조금이라도 가르쳐주시면 안 될까요?"

빛: "빠져나간 당신의 영혼이 육체에서 완전히 떠난 것은 아닙니다. 육체와의 연결을 남겨둔 채로 이쪽의 차원, 즉 '시간과 공간'의 관념이 없는 차원과 연결되어 있습니다. 따라서 당신의 뇌는 아마도 물질세계에 있으면서도 마치 정신세계에 존재하고 있는 것처럼 '시간'과 '공간'의 감각을 잃고 주위에서 이해할 수 없는 말과 행동을 되풀이하고 있을 겁니다."

나: "그 말은 물질세계에 두고 온 내 육신은 시간과 공간의 감각 이외에는 아무런 이상이 없다는 말이지요? …… 주위 사람들의 말에도 반응하고 있습니까?"

빛: "얼마든지 반응할 수 있습니다. 당신의 뇌에 축적된 정보는 아무것

도 없어지지 않았기 때문입니다. 어떤 자극이든 눈이나 귀로 입력되면 뇌에 축적된 지식이나 경험을 자동적으로 사용하면서 되도록 적합한 반응을 하려 할 겁니다. 단, 영혼이 빠져나간 상태, 즉 시간과 공간 감각은 잃었기 때문에 시간이나 공간에 관한 언행은 적절하지 못할 겁니다."

나: "그렇다면 나는 잘못 만들어진 로봇…… 입력된 자극에 조건반사적이고 기계적인 반응만 나타내는…… 더욱이 시간과 공간에 관여하는 프로그램이 부서져 이상한 반응을 하는 아주 잘못된 로봇과 같은 상태가 아닌가요?"

빛: "……"

나: "살아 있으면서도 죽은…… 또는 죽어가면서 살아 있다고나 할까…… 내 육체는 그런 상태겠군요……. 그렇다면 마치 공포영화 같지 않습니까!"

빛: "……아무래도, 슬슬 이제 물질세계에…… 인간사회에…… 그 육체에 돌아갈 때가 온 것 같습니다. 그 육체가 그립지 않으세요?"

나: "그립다기보다는 걱정이 됩니다! 아직 나는 완전히 죽지 않았습니다……. 이대로 돌아가야 할 육체가 기능을 잃게 된다면 나는 살지도 못하고 죽지도 못하고 단지 시공^{時空}을 헤매는 유령이 되는 것 아닙니까?"

빛: "유령 같은 것은 존재하지 않습니다. 유령이라는 것은 물질세계의 인간들이 창조한 공상의 산물에 지나지 않습니다. 각지에 있는 우

리 동료들이 제대로 죽을 수 없는 영혼을 신속하게 구하기 때문입니다. 당신도 그 사명을 하다 왔지 않습니까?"

나: "그렇습니다……. 그것도 내 역할이었습니다."

빛: "인간들이 '유령'이라고 부르는 것은 공간에 시간을 초월해서 남아 있는 선인先人들의 강한 감정이나 기억에 지나지 않습니다. 그냥 가끔 그런 정보에 연결될 때가 있을 뿐입니다."

나: "그렇군요……. 그 장소에 남아 있는 사념思念, 즉 말하자면 '잔존殘存 사념'이군요?"

빛: "특히 악의를 가지고 사람에게 해를 가하려는 유령, 즉 '악령惡靈' 같은 것은 절대로 존재하지 않습니다. 이런 내용을 인간에게, 알아듣도록 전해주십시오. 당신이 말하는 '잔존 사념'의 구조를 사람들이 올바로 이해할 수 있게 하는 것이 먼저입니다."

나: "알았습니다. 노력하겠습니다. 그러기 위해서라도 저의 육체를 잃기 전에 빨리 돌아가야겠습니다."

빛: "그렇습니다. 그렇지 않으면 안 됩니다. 물질세계에…… 인간사회에…… 그 육체에 돌아가고 싶다는 강한 기분을 잃지 말고 사명을 다해주세요."

나: "예!"

생환의 타이밍

빛: "단, 절대로 틀리면 안 되는 일이 있습니다. 그 육체에 되돌아가는 것은 반드시 수술을 마친 후에 하기 바랍니다."

나: "예!? 내가 수술을 받고 있습니까?"

빛: "걱정하지 마십시오……. 가장 훌륭한 명의에게 의뢰해두었습니다. 수술은 아주 성공적일 겁니다.."

나: "가장 훌륭한 명의!? …… 그것은 고마운 일이지만…… 왜 수술이 끝나는 것을 봐가며 육체에 되돌아가야 합니까?"

빛: "수술을 끝마치기 전에 되돌아가면 당신의 영혼과 당신의 뇌 사이에 혼란이 일어나기 때문입니다. 그런 혼란이 일어나면 마취로 의식을 잃고 있어야 할 당신의 육체가 반응을 일으킬 위험성이 있습니다. 그렇게 되면 수술실은 혼란에 빠질 것이며, 당신의 생명은 보장할 수 없습니다."

나: "그래서는 곤란합니다……. 그렇지만 그런 위험을 무릅쓸 바에야 오히려 수술을 하지 말고 수술 직전의 내 육신으로 되돌아가면 되지 않습니까?"

빛: "당신의 머리에는 이미 대량의 피가 괴어 있어 육체적 한계가 가까워져 있기 때문에 수술을 피할 수는 없습니다. 수술을 받지 않는다는 것은 당신의 영혼이 육체를 잃게 되는 것입니다."

나: "말하자면…… 내 인생에서 계획되었던 예정대로의 수술을 받는다면 다시 당분간은 육체를 가지고 살 수 있게 되는 겁니까?"

빛: "물론입니다."

나: "아, 잘됐군요……. 아직 좀 더 그 시대의 그 나라에서 그 육체를 사용해서 즐겨야 할 일이 있기 때문에……."

빛: "그러나 당신의 인생은 결코 편한 것이 못되는데요."

나: "예……. 인생에 시련이 많다는 건 이미 잘 알고 있습니다. 앞으로도 견실하게 사명을 다하고 오겠습니다……. 그렇지만 다른 한편으로 조금은 인생을 즐겨도 상관없겠지요?"

그 순간 나를 둘러싸고 있던 빛들은 일제히 격렬하게 아름답게 반짝였습니다.

빛: "물론입니다. 조금이 아니라 많이 즐기십시오. 물질세계이기 때문에 경험할 수 있는 것, 육체를 가지고 있지 않으면 체험할 수 없는 것을 자기에게 주어진 포상으로 생각하고 많이 즐겨도 좋습니다. 당신은 그러한 것을 이때까지 잊고 있었던 것 같아요. 당신이 인생을 끝마칠 때 후회할 일이 있다면 '많이 즐기지 못했다'라는 것이 될 것입니다. 당신은 모처럼 그것이 가능한 시대에 가능한 나라에서 태어났으니까요."

나: "알겠습니다. 다해야 할 사명만큼 즐기는 것도 많이 즐기겠습니다."

빛: "우리는 언제나 당신과 함께 있습니다. 괴로울 때는 마음속에서 빛을 생각하십시오."

나: "끝으로 물어보고 싶은 것이 있습니다……. 인간사회 사람들에게 꼭 전해야 할 중요한 메시지가 있다면 좀 알려주시기 바랍니다."

인류를 향한 메시지를 받다

경영이란 무엇인가

빛: "무엇을 전수해드리는 것이 좋을지 우리에게 질문해 주십시오."

나: "예를 들면…… 나는 이번 인생에서 경영학자로 일을 하는데, 도대체 '경영'이란 무엇입니까?"

그러자 반짝이는 빛들이 일제히 답을 해주었습니다.

빛: "당신은 이미 알고 있습니다……. 모든 것의 가치를 발휘하는 것입니다. 그것은 사람이나 생물이나 자연이나 지구 등 모든 것의 행복을 추구하는 것이기도 합니다."

나: "그러나 '경영은 돈을 버는 것이다'라고 생각하는 경영자가 많아 보입니다만……."

빛: "돈은 결과, 즉 단순한 부산물이며 목적이 아닙니다. 경영의 목적은 어디까지나 모든 것의 가치를 발휘하는 일이며, 사람이나 생물이나 자연이나 지구 등 모든 것의 행복을 추구하는 것입니다. 그

결과로 사람이나 생물이나 자연이나 지구 등이 감사하게 생각하고, 그 감사에 상응하는 금액의 돈이 주어지는 것입니다."

나: "그렇게 말하지만 물질세계에서 큰돈을 번 사람들을 보면 정당하지 못한 비즈니스로 거액의 부를 손에 넣은 사람들도 많습니다만……."

빛: "사람을 속인다든지, 생물이나 자연이나 지구를 손상하며 행하는 사업도 일시적으로는 성공할 수 있습니다. 하지만 그런 사업은 절대 오래가지 못합니다. 사업을 길고 안정되게 운영하는 것, 즉 사업에서의 진정한 성공은 '내 경영이 영향을 주는 모든 존재의 행복을 추구하자'라는 마음가짐이 가장 중요한 조건입니다. 이 마음가짐을 경영 이념으로 삼아 노력한다면 반드시 보상을 받게 될 것입니다."

나: "그러나 그런 식으로 노력했기 때문에 공정하지 못한 경쟁자에게 져서 사업가로서 실패하는 사례를 여러 번 보았습니다."

빛: "올바른 경영을 시도한 결과로 비록 성공하지 못한다 하더라도 그것은 단순히 사업으로서 실패했다는 것뿐이지 인생으로서는 대단한 성공입니다. 경영자로서 자신에게 긍지를 가져도 좋습니다."

나: "돈을 번다는 행위 그 자체가 나쁜 것은 아니지요?"

빛: "모든 존재를 행복하게 하겠다는 올바른 목적과 올바른 방법으로 얻는 돈은 절대 나쁜 것이 아닙니다. 그런 목적과 방법, 노력으로 부자가 되는 것이라면 그 자체는 나쁜 것이 아닙니다. 그러나 돈을 너무 많을 때 사람은 간혹 다른 사람을 돈으로 조종하려 합니다.

가장 나쁜 것은 '사람의 마음을 돈으로 살 수 있다'라는 오해입니다. 돈으로는 절대 사람의 마음을 살 수 없습니다. 돈으로 사람을 잠시, 일시적으로 복종하게 할 수는 있겠지만, 길고 안정된 신뢰관계는 절대 구축할 수 없습니다. 사람을 마음속 깊은 곳부터 움직이게 하는 것은 오직 하나, '사랑'입니다. '거짓이 아닌 진정한 사랑'을 느낄 때 사람은, 비록 돈을 잃게 되더라도 기꺼이 협조하는 것입니다."

나: "그 '사랑'이라는 것은 도대체 무엇입니까?"

빛: "그것만큼 간단한 질문은 없습니다……. 당신과 다른 모든 이들이 이미 그 답을 알고 있기 때문입니다. 그 답을 모른 채로 태어나는 영혼은 하나도 없습니다. 각각의 영혼이 '사랑' 그 자체이기 때문입니다. 따라서 만약 당신의 질문에 인간의 언어로 답을 한다면 '사랑이란 당신입니다'라고 답할 수 있습니다. 즉 인생을 통해 '나란 무엇인가'를 계속 자문하는 과정 자체가 '사랑'을 묻는 과정이기도 한 것입니다."

나: "그렇다면 '인생'이란 도대체 무엇입니까?"

빛: "그것 또한 간단한 질문입니다…… 당신과 다른 모든 이들이 그 답을 이미 알고 있습니다. 그 답을 모른 채로 태어나는 영혼은 단 하나도 존재하지 않습니다. 영혼이 인간으로 태어나는 목적은 단지 '배운다'라는 것뿐입니다. 따라서 만약 당신의 질문에 인간의 말로 답을 하자면 '인생이란 배움이다'라고 답할 수 있습니다."

인생에서 가장 중요한 것

나: "그렇다면 그 '인생'이라는 배움의 과정에서, '사랑' 그 자체인 인간에게 가장 중요한 것은 무엇입니까?"

빛: "높은 긍지를 가지고 사는 것……, 즉 '나는 사랑 그 자체다'라고 하는 자기 믿음自信을 절대 잃지 않는 것입니다."

나: "그것이 여간해서 잘 안 됩니다……. 자기 믿음을 잃지 않고 높은 긍지를 가지려면 어떻게 해야 합니까?"

빛: "사랑 그 자체인 나를 있는 그대로 사랑하면 됩니다."

나: "그러나 나를 사랑하고자 해도 인간이라면 누구나 많은 죄를 범하면서 살아가고 있습니다. 자신에게 엄격할수록 더더욱 자신을 사랑할 수가 없지 않을까요?……"

빛: "비록 당신이 자신을 사랑할 수 없다고 하더라도 당신이 사랑 그 자체인 것에는 변함이 없습니다. 아무리 죄가 많은 사람이라도, 아무리 자신을 믿을 수 없는 사람이라도, 아무리 자신이 미운 사람이라도 모두가 사랑 그 자체란 사실에는 변함이 없습니다. 그 사실을 생각해내는 것입니다."

나: "그렇지만 여간해서 그 사실을 떠올릴 수가 없습니다……. 어떻게 해야 할까요?"

빛: "기도드리는 겁니다……. 마음속으로 빛을 상상하면서 눈부신 것에 기도드리는 겁니다. 눈부신 것을 마음속에 그리면서 기도드린다는 것은 눈부신 빛의 차원에 영혼을 연결한다는 것입니다. 그러

면 당신의 영혼은 다시 일어설 수 있는 에너지를 공급받을 수 있습니다."

나: "기도에는 힘이…… 효과가 있군요?"

빛: "확실히 큰 힘이 있습니다. 단 그 힘은 기도의 힘을 믿는 정도에 따라 다릅니다. 기도의 힘을 강하게 믿는 사람일수록 보다 파조가 높은 차원에 연결될 수 있기 때문입니다."

나: "그렇다면 그 힘을 믿지 않는 사람의 기도는 기껏해야 파조가 낮은 차원밖에는 연결되지 못한다는 거네요? 별다른 효과가 없겠군요?"

빛: "그렇습니다."

"많이 웃으십시오"

나: "그 외에 사람이 인생을 살아가는 데 중요한 메시지는 없습니까?"

빛: "많이 웃고 많이 웃게 하십시오."

나: "나도 농담을 잘해서 사람들을 웃게 하는 것을 좋아합니다만……
웃는 것이나 웃게 하는 것은 중요하군요?"

빛: "웃게 하는 것은 어떠한 치료보다 좋은 치료약입니다. 만병통치약이죠. 마음의 병뿐만 아니라 육체의 병도 웃음으로 치유할 수 있습니다. 유쾌하게 웃을 때 사람은 마음 깊은 곳에서 빛의 차원과 연결되어 빛의 에너지를 받아들이기 때문입니다. 따라서 사람들에게 웃음을 주는 역할은 대단히 소중한 사명이며, 대단히 긍지가 높은

역할입니다. 영혼으로서 배움을 쌓고 빛으로서의 파조가 높아질수록 사람을 빛의 차원으로 연결하는 능력, 즉 다른 사람을 웃게 하는 재능이 몸에 익는 것입니다."

나: "사람을 웃기는 재능은 예를 들면 농담을 잘한다든가 그런 것을 말하는 겁니까?"

빛: "분명히 그런 재능도 일부 포함됩니다만, '사람을 빛의 차원에 연결하는 능력'이라는 것은 좀 더 본질적인 힘을 말합니다. 그것은 '사람을 즐겁게 하는 능력'이며, '사람의 얼굴에 미소를 띠게 하는 능력'입니다. 직접적인 언행으로 웃음을 자아내진 않더라도, '그 사람을 보면 어딘지 모르게 기분이 밝아진다', '그 사람이 있는 것만으로 분위기가 부드러워진다'는 등의 예가 있습니다. 그런 효과는 그 사람, 그 영혼이 가진 빛으로서의 파조가 가져다주는 본질적인 효과입니다."

나: "그렇군요. 물질세계에서 일어나는 여러 현상은 모두 정신세계의 구조와 밀접하게 연결되어 있군요……."

빛: "그렇습니다."

부처와 예수의 실상

나: "좀 건방진 말 같습니다만 당신들이 말하는 내용은 이미 먼 옛날부터 인류 사이에 전해 내려오는 인생훈人生訓과 기본적으로 같은 내용

인 것 같은데요…….."

빛: "물론입니다. 왜냐하면 우리는 이러한 메시지를 태곳적부터 인류를 향해 계속 발신해왔으니까요."

나: "그 정보의 원천이 모두 당신들이었군요?"

빛: "그렇습니다. 우리가 계속 발신해온 메시지를 여러 시대에 여러 인물이 그 시대의 많은 사람에게 전파해간 것입니다."

나: "그런 사람 중 사람들이 '부처'나 '예수'라고 부르는 인물이 실존하고 있었습니까?"

빛: "물론 실존하고 있었습니다. 그들도 분명히 우리의 동료로서 각각의 시대에 훌륭히 사명을 다해주었습니다."

나: "그렇군요……. 나는 아무 종교의 신자도 아니며 완전히 중립적인 처지를 지키고 있지만, 종교에서 '부처'나 '예수'라고 부르는 분들은 분명히 실존했군요……."

빛: "그렇습니다."

나: "그들은 어떤 사람들이었습니까?"

빛: "두 분 다 보통 인간의 젊은이로 자랐습니다만, 어느 때 빛의 차원과 연결되어 사명에 눈을 뜨고, 그 이후부터 빛의 메시지를 사람들에게 전하는 인생을 보냈습니다. 당시는 아직 정보 전달 방법이 발달되지 않던 시대였으므로 굉장히 고생을 하셨습니다."

나: "그들은 어떤 성격이었습니까?"

빛: "두 분 모두 다른 사람과 마찬가지로 슬플 때는 실컷 울고 어려울

때는 많이 괴로워했으며, 길을 잃고 헤맬 때는 크게 고민하고, 기쁠 때는 크게 기뻐하고, 즐거울 때는 실컷 웃었습니다. 결코 성공만 한 것이 아니라 오히려 실패도 많이 하면서 많이 배웠습니다."

나: "부처나 예수는 그와 같은 감정이 풍부한 분들이었습니까? 내가 본 이미지는 좀 더 종교가답다고나 할까, 오히려 깨달음을 얻은, 침착한, 말수가 적은, 항상 명상에 잠겨 있는 것처럼 과묵하고 점잖은 인물로 알고 있었습니다……."

빛: "그것은 후세 인간들이 만들어낸 이미지에 지나지 않습니다. 실존한 부처나 예수는 명랑하고 밝은 성격을 가지고 있었습니다. 극히 일반적인, 어디서나 우리가 흔히 볼 수 있는 모습을 하고 있었으며, 온화한 말씨로 말을 하고, 결코 잘난 체하는 일이 없었습니다. 단 그 내면은 감정이 풍부하여 민중의 기분을 공유할 수 있었고, 사람들을 매혹하는 인간적 매력이 가득한 훌륭한 인물이었습니다. 그들은 또 사람들을 웃기고 부드럽게 만드는 천재적인 소질이 있었으며, 그 주위는 언제나 온화하게 웃는 얼굴들로 가득 차 있었습니다."

나: "예!? …… 부처나 예수가 사람들을 웃기는 천재였습니까? 부처나 예수가 주위 사람들에게 농담을 연발하는 모습은 상상도 못하겠습니다……."

빛: "서투른 익살만 연발하고 있었다는 의미는 아닙니다. 물론 익살을 부려 사람들을 웃기기도 했지만, 좀 더 기지가 풍부한 말씨나 지적

예리함의 묘^妙로 주위 사람들을 감탄하게 하고, 갑자기 웃음을 터뜨리게 하는 것을 잘했습니다. 그들을 비판하는 처지에 있던 사람들도 일단 한번 그들을 직접 만나 이야기를 나누면, 그들에게 매료당했습니다. 부처나 예수는 기적적인 초능력으로 사람들은 끌어당긴 것이 아닙니다. 그들의 인간적인 매력과 그들 스스로의 의지로 쌓아올린 노력으로 사람들의 신뢰를 얻었습니다."

나: "그것은 의외인데요……. 나는 부처나 예수 같은 사람은 신^{God}이나 부처와 같은 존재로부터 대단한 초능력을 부여받아 그 신비한 힘으로 사람들을 꿇어 엎드리게 했다고 오해하고 있었습니다. 하지만 그렇지 않았군요?"

빛: "물론 그들은 빛의 차원과 연결되어 사람들을 매료하는 불가사의한 커뮤니케이션 능력을 지니고 있었습니다. 그러나 부처나 예수가 사람들을 매료한 것은 무엇보다도 먼저 그들이 설법하는 가르침의 훌륭함과 그 가르치는 방법의 교묘함, 그리고 그들 자신의 사명을 다하고자 하는 부단한 노력의 결과였습니다. 신비적인 힘으로, 마치 마법처럼 사람들의 마음을 자유자재로 조작한 것은 절대 아닙니다. 실제로 그들의 가르침에 반발하는 사람도 많았고, 부처나 예수도 그 인생을 끝마칠 때는 사명을 다하기 위한 방법으로 '과연 이 방법이 옳았던가' 하고 후회하는 마음으로 괴로워하기도 했던 것입니다."

나: "그랬군요……. 나는 불교도도 아니고 기독교도도 아니라서 '교주'

164

로서의 부처나 예수를 믿는 건 아닙니다. 하지만 그 말을 듣고 보니 부처나 예수를 '인간'으로서 존경할 수 있을 것 같습니다. 그런데…… 내가 특정 종교의 신자가 아니니까 하는 실례되는 질문이겠지만…… 지금 이야기를 들으니 '부처'라고 부르는 사람의 영혼과 '예수'라는 사람의 영혼이 사실 같은 영혼이었던 것은 아닙니까?"

빛: "아니, 그렇지는 않습니다. 그들의 영혼은 분명히 같은 사명을 가지고 태어난 동료이기는 합니다만, 당신이 묻는 의미에서 꼭 같은 영혼은 아닙니다. 그러나 애초부터 우리는 동료로서 모두 연결되어 있으므로 같은 영혼인가 아닌가라는 물음에는 그렇게 큰 의미가 없습니다."

나: "그렇군요. 부처나 예수가 물질세계적인 표현인 '고체固體'로서 같은 영혼인가 아닌가를 물어도 별 의미가 없다는 말이군요."

빛: "그렇습니다."

나: "부처나 예수에게 인간으로서 성격적인 차이가 있었나요?"

빛: "굳이 말한다면 부처는 보다 논리적인 고찰을 좋아하는 철학자이며, 예수는 보다 실용적이며 알기 쉬운 표현을 중시하는 교사라는 인상을 받았습니다. 그러나 두 분 모두 그 자애慈愛의 깊이에는 차이가 없습니다."

나: "예전부터 '부처'나 '예수'로 부르던 영혼은 지금도 존재하고 있습니까?"

빛: "물론 존재하고 있습니다."

나: "이 질문은 신자가 아닌 나에게는 단순한 흥미 본위의 질문일 수도 있습니다만…… 부처나 예수의 영혼은 지금 어디에 계십니까?"

빛: "적어도 그중 한 사람은 지금 여기에 있지 않습니까?"

나: "예! 지금 여기에?"

빛: "그러나 지금 당신은 그런 것은 기억해낼 필요가 없습니다. 기억해낼 필요가 없기 때문에 기억해낼 수가 없는 것입니다. 더욱이 지금의 당신은 '삶과 죽음의 경계'를 통과하지 않은 채, 즉 물질세계의 감각을 남긴 채로 있어서 잊고 있지만, 원래 이쪽 세계에는 '시간'의 관념이 없으니까 '지금도 존재하고 있는가?'라는 질문도 성립하지 않습니다."

나: "아아, 그렇군요……. 죄송합니다……. 육체로서의 '부처'나 '예수'는 죽었어도 그 영혼은 원래가 시간이 없는 세계의 존재이기 때문에 영원히 소멸되는 일은 없겠네요."

빛: "그렇습니다. 더욱이 이 사실은 특정한 영혼뿐만 아니라 우주에 존재하는 모든 영혼의 진리라는 것을 잊지 말기 바랍니다."

나: "그 말씀은 이런 나도 영원히 계속 존재한다는 것이군요?"

빛: "물론입니다."

나: "고맙습니다."

빛: "우리에게 감사할 것은 없습니다. 자신에게, 나라고는 존재에게 감사하십시오. 나라는 존재를 축복하고, 자기 영혼을 자랑스럽게 생각하십시오."

나: "예."

환생이라는 현상의 진위

빛: "당신이 말로써 표현하고 싶은 것은 모두 확인이 되었습니까?"

나: "조금 더 물어도 괜찮겠습니까? …… 물질세계에서 말하는 소위
'환생'이라는 구조는 정말로 존재하는 것인지요?"

빛: "지금 말한 '물질세계에서 말하는'이라는 표현이 질문한 것 그대
로 답이 되고 있습니다. 당신도 진상을 알고 있으니까 지금 '물질
세계에서 말하는'이라는 표현을 사용한 것 아닙니까?"

나: "그렇습니다…. 나는 이미 알고 있습니다."

빛: "당신이 알고 있는 그대로입니다. '환생'이라는 것은 '직선적으로
전진前進하는 시간'이라는 관념을 가지고 있는 물질세계에서의 해
석이며 물질세계에서만 성립하는 개념입니다. 비물질인 정신세계
에서는 물질세계처럼 '직선적으로 전진하는 시간'이라는 관념이
존재하지 않으므로, '과거'도 '미래'도 없으며, '환생'이라는 현상의
해석은 성립하지 않습니다. 물질세계의 말로 설명하는 것은 불가
능하지만 굳이 말로 표현한다면, 정신세계에서는 모든 존재가 모
든 시간에 존재할 수 있기 때문에 '현재'가 영원히 계속되는 것입
니다."

나: "그렇습니다."

빛: "따라서 영혼은 결코 늙지 않습니다. 그러나 정신우주는 자신에게 만족하지 않기 때문에 일부러 시간이 직선적으로 진행하는 물질우주, 즉 물질세계를 창조하여 자기의 세포이기도 한 분신 영혼들을 그 물질세계에 보냅니다. 그러면 '과거', '현재', '미래'라고 하는 시간 감각 속에서 '과거보다 현재로, 현재보다 미래를 영혼의 파조를 높일 수가 있습니다.' 말 그대로, '성장'이라는 보물을 얻는 것입니다. 이와 같은 물질우주라고 하는 배움의 장을 활용한 정신우주의 효율적인 성장 수단의 하나가 물질우주 또는 물질세계에서 말하는 '환생' 현상입니다."

나: "예, 잘 알고 있습니다."

빛: "그렇다면 '환생은 있습니까 없습니까?'라는 물음 자체가 의미가 없다는 것은 이미 알고 있겠지요. 물질세계에 살고 있는 인간의 관점에서 본다면 '환생'이라는 현상은 분명히 존재하며, '환생'이라는 구조를 상정^{想定}하지 않는 한 '영혼의 성장'이라는 과정을 합리적으로 이해할 수 없습니다. 그 영혼들의 고향인 정신세계에서는 '환생'이라는 현상이 존재하지 않습니다. 오히려 그것이 정신세계에 존재하지 않기 때문에 그 귀중한 현상을 체험하고 배우기 위해 영혼들은 물질세계로 여행을 떠나는 것입니다."

나: "잘 알겠습니다……. 그래서 영적 체험이 있는 사람들도 '환생은 존재하지 않는다'고 단언할 수 있겠군요. '정신세계에 시간의 관념이 없다'는 것을 이해했으니 환생도 존재할 수 없다고 생각할 수

있겠습니다."

빛: "그렇습니다. 그래서 환생이 존재하지 않는다는 그들의 말이 완전
히 틀린 건 아닙니다. 그러나 한편으로 환생이라는 구조를 현상으
로 인식하는 사람들도 틀렸다고 볼 수는 없습니다. 요컨대 관점이
나 표현 방법의 차이인 셈이죠. 정신세계의 관점에서 말하는가, 물
질세계의 관점에서 말하는가라는 차이에 불과하며, 어느 쪽이든
맞는 해석입니다."

나: "그 말씀은 환생의 유무를 토론해봤자 무의미한 것이며, 사실은
'정신세계에는 존재하지 않지만 물질세계에는 존재한다'라는 말이
군요…… 어느 쪽 세계에서 바라보느냐에 따라 환생이라는 구조가
보이기도 하고 보이지 않기도 한다는 것이지요?"

빛: "그렇습니다. 둘 다 옳기 때문입니다. 언쟁할 필요가 없는 일로 언
쟁할 필요는 없겠죠. 무의미하고도 무익한 논쟁입니다."

나: "잘 알았습니다."

빛: "그 외에 묻고 싶은 것은 없습니까?"

사실 그때까지도 망설이던 질문이 하나 있었습니다.

나: "저…… 나는 지난번 인생에서 도대체 어떤 이름을 가진 인물로 살
아왔습니까?"

그러자 빛들은 분명한 어조로 단언했습니다.

빛: "그 사실은 알 필요가 없습니다. 과거의 인생에서 당신이 어떤 인
　　물로 살았는가 하는 것은 당신이 이번 인생을 살아가는 데 있어 아
　　무 필요가 없을뿐더러, 오히려 방해가 될 수도 있습니다."

나: "왜 그렇습니까? …… 과거의 내 인생을 알게 되면 이번 인생에서
　　무엇인가 도움이 될지도 모르는데……."

빛: "영혼이 왜 몇 번이고 환생하는지 알고 있지요?"

나: "…… 배움을 되풀이하면서 성장하기 위해서가 아니던가요?"

빛: "그렇습니다. 그러기 위해서는 매회의 인생마다 일부러 과거 인생
　　에서의 기억을 지우고 일단 '제로'의 상태로 돌아갈 필요가 있습니
　　다. 아무리 바람직하지 못한 인생을 보냈더라도 다음 인생에서는
　　다시 '제로'의 상태로 시작할 수 있습니다……. 그리고 아무리 좋
　　고 바람직한 인생을 보냈더라도 다음 인생에서는 또다시 '제로' 상
　　태에서 시작하지 않으면 안 됩니다……. 이 구조야말로 환생의 근
　　간을 떠받치는 것입니다. 가지각색의 육체를 바꾸어 가면서 다른
　　인생을 경험해 보는 것이 성장에 가장 효과적이기 때문입니다."

나: "그렇다면 나도 과거의 인생 같은 것에는 신경 쓸 필요가 없다는
　　건가요?"

빛: "초심으로 돌아가는 것입니다. 또다시 새롭게 '제로'에서 시작하는
　　겁니다. 비록 각각의 인생은 '제로'로부터 시작하지만, 과거의 인

생으로 얻은 배움이 '제로'로 되돌아가는 것은 아닙니다. 인생으로 얻은 배움은 당신 영혼의 빛의 파조波調로서 매회 인생을 끝마칠 때마다 반영되는 것입니다."

나: "인생을 '제로'의 상태에서 시작해도 과거의 인생에서 얻은 배움까지 '제로'가 되는 것은 아니라는 말이군요."

빛: "안심하십시오."

나: "겨우 안심했습니다……. 그리고 과거 인생의 유산 같은 것에 의존하지 않고 다시 '제로'로부터 시작하는 것이 보다 나은 시련이라고도 말할 수 있겠네요?"

빛: "점차 기억하기 시작하는군요."

나: "왠지 더 용기가 생깁니다."

빛: "과거에 사로잡히지 말고 의식을 미래로 향하도록 하세요."

나: "알았습니다."

빛: "그러면 돌아가세요……. 앞으로 어떤 시련을 만나든, 앞을 바라보며 긍지를 가지고 살아가면서 당신의 사명을 다하기 바랍니다."

나: "예, 그렇게 하겠습니다……. 그러면 지시하신대로 수술을 받고난 후의 내 육신으로 돌아가겠습니다."

빛: "우리는 언제나 당신과 함께 있습니다."

나: "고맙습니다……. 다음에 또 만납시다!"

반짝이는 빛들의 사랑을 가뜩 느끼면서 나는 그 차원과의 연결을 풀었습니다. 내 영혼은 빛의 에너지를 100% 충전하여 원기가 가득 차 있었습니다.

　나: "자! 열심히 해야지!"

　나는 기쁨에 차서 반짝거리며 물질세계인 지구로 파조를 연결했습니다. 시간과 공간의 감각이 한층 더 선명하게 되살아나는 것을 느꼈습니다.

육체로 생환하다

수술이 끝나고 의사 선생님은 가족들에게 "무사히 성공적으로 끝났습니다."라고 말했다고 합니다. 간호사실에서 가족들에게 수술 전후의 영상을 보여주며 이렇게 설명했다고 합니다.

"정말 위험할 뻔했어요……. 한계점에서 겨우 살릴 수 있었습니다."

내가 육체적 의미에서 '의식'을 되찾은 것은 수술 후 1시간 정도의 시간이 지나서였습니다. 희미하게 되살아난 시각視覺으로 간호사 복장을 한 젊은 여성을 볼 수 있었습니다. 그러고는 머리에 떠오른 것을 그대로 말한 것을 기억합니다.

"간호사님 여기가 어딥니까? …… 왜 내가 여기에 있습니까?"

내 말을 들은 간호사는 기쁘게 말을 건네주었습니다.

"깨어나셨군요……. 잘 됐습니다!"

나는 단지 간호사 쪽을 멍하니 보고만 있었습니다.

"여기는 ICU, 집중치료실^{intensive care unit}입니다……. 선생님은 뇌수술을 받았습니다."

"……수술을?……"

그 순간 정신세계에서의 기억과 현재 물질세계에서의 현실이 연결되었습니다.

"지금 가족을 부를 테니 자세한 건 가족에게 들으세요."

간호사의 안내로 부모님과 아내와 딸이 집중치료실에 들어왔습니다. (그때까지는 아직 의식이 희미한 상태로 주변 일을 그저 받아들이고만 있었습니다.)

가족들과 한 사람씩 손을 잡으며 간단한 말만 나눴습니다만, 그것으로 충분했습니다. "수술이 성공적으로 끝나기를 계속 기도했어……"라는 어머니의 말에 눈물이 났습니다.

기뻐하는 가족들의 모습을 바라보며 행복이나 기쁨보다 오히려 안도감을 느꼈습니다.

'아아…… 예정대로 무사히 돌아올 수 있었구나…….'

그리고 '막 죽으려고 하는' 죽기 직전까지 갔던 모험을 견뎌낸 내 육체에게도 '정말 잘 견뎌주었어'라는 감사의 마음이 가득 들었습니다.

그 기분은 예를 들면, 우주선이나 스페이스셔틀로 우주비행을 떠난 후 예정대로 무사히 귀환했을 때 우주비행사의 기분에 가까울 것 같습니다. 무엇보다도 '용케 그 가혹한 우주비행을 잘 견뎌주었구나'라고 우주선 선체에게 감사하는 마음……, 수술 후에 느낀 것도 '용케 막 죽으려하는 가혹한 체험에서 참으로 무사히 잘 견뎌주었구나'라고 내 육체에게 감사하는 마음이었습니다.

제3장

신비의 창문을 열다

육체로 돌아와 요양하며, 이번 경험을 고찰해봤습니다. 귀하고도 귀했습니다. 육체를 떠나 있을 때는 애매했던 세 가지 느낌이 분명하게 떠올랐습니다. 그 '빛'들과의 대화 속에 분명하게 또는 암암리에 포함되어 있습니다.

본 장에서는 이 세 가지 느낌을, 제2장에서 보고 한 경험을 참고하면서, 되도록 논리적으로 분석해보겠습니다. (물질세계의 언어나 개념으로 영적인 개념을 설명하기란 역시 한계가 분명합니다……. 하지만, 노력해보겠습니다.)

의식 장애의 공포

먼저 현실적인 문제를 전하겠습니다. 누구나 직면할 수 있는 문제이기 때문입니다. (사실 정말로 현실적인 문제라 공포영화를 보는 것보다 더 겁이 났습니다……).

지금도 납득할 수 없는 것은 정신세계에서 일어난 일들은 선명하게 기억하고 있는 반면, 12월 28일의 물질세계에서의 기억은 전혀 없다는 점입니다. 어쨌든 나는 (파자마 위에 입었다고 하지만) 의복을 입고, (위치 감각을 잃었다고는 하지만) 자동차를 운전했으며, (시간 감각을 잃었다고는 하지만) 도쿄에 가려고 했으며, (이상한 언동을 했다고 하지만) 움직이고 대화를 나눴다고 합니다만, 기억은 전혀 없습니다.

즉 인간은 이상한 의식 상태에 있더라도 마치 로봇처럼 프로그램화된 대로 익숙하게 행동하고, 자극에도 반응한다는 것입니다.

순간 덜컥 겁이 났습니다. 혹시라도 28일에 자동차를 운전하면서 정지신호에 반응하지 않았거나, 핸들 조작을 잘못해서 사고라도 일으켰더라면……, 또 길을 걸어가면서 무슨 이유에서인지 갑자기 지나가는 사람을 덮치기라도 했다면 어떻게 되었을까……. 그런 일이 일어나지 말라는 법도 없지 않습니까.

만약에라도 그런 사건을 일으켜서 경찰에 구속이라도 되었다면, 그리고 의식을 되찾아 "죄송합니다. 아무것도 기억이 나지 않습니다……. 사람을 죽일 생각은 전혀 없었습니다. 사람을 죽인 기억도 전혀 없습니다"라고 사실 그대로 호소해도 아무도 믿지 않을 것입니다.

사실 이때까지는 큰 사건이나 사고 후에 '기억이 없다'라고 호소하는 범죄자들의 뉴스를 볼 때마다 "이 거짓말쟁이! 그런 일을 저질러 놓고서 '기억이 없다'고 시치미를 떼도 누가 그 말을 믿겠어?" 하고 화를 냈으니까요.

그러나 이번 경험 덕분에 지금은 이렇게 단언할 수 있습니다……. "인간은 비정상적인 의식 상태로 행동할 수 있으며, 그때 기억이 전혀 없는 것도 가능한 일이라고."

뉴스를 보면 간혹 "재판에서는 당시 용의자의 정신 상태가 쟁점이 되고 있습니다"라고 할 때가 있습니다. 그런 쟁점을 이제는 진지하게 받아들일 수 있습니다.

지금은 그 12월 28일에 다른 누구에게도 피해를 주지 않고, 심지어 '시간'과 '공간'의 관념을 잃었으면서도 운전을 할 수 있었던 행운에 감사할 뿐입니다. 그동안 내 육체를 지켜준 '빛의 존재'들에게도…….

'유령' 현상의 구조

'유령'의 정체

실은 앞장에서 서술한 것처럼 "모든 존재와 연결되어 있다"라는 사실을 알게 되었을 때의 일……. 나는 '분명히 무수히 많이 존재하고 있으며, 서로 연결은 되는데 이쪽에서 메시지를 보내고자 해도 받아주지 않고 전혀 반응이 없는 이상한 영혼들'이 지상에 너무나도 많다는 사실을 알게 되었습니다.

"왜 이 영혼들은 반응을 하지 않을까?"

곧 그 많은 영혼이 실은 '살아 존재' 하는 것이 아니며, 의지를 가지고 활동하는 의식체도 아니라는 사실을 알게 되었습니다.

즉 그러한 존재들은 '빛'이 가르쳐준 것처럼 '영혼'이 아니라 단순한 '정보체情報體'이며, 구체적으로 말하자면 '거기에 존재하고 있었던 인간들이 품고 있던 사념思念, 즉 사고思考나 감정의 뭉치'에 지나지 않았습니다.

지상에는 '과거 그 장소에 존재했던 인간들의 사념思念덩어리'가 셀 수 없을 정도로 많습니다. 우리가 그런 사념의 존재를 느낄 수 있는 건 우리 잠재의식 차원에 영적인Spiritual 능력이 있기 때문입니다. (사념을 느낀다는 표현을 '영적으로 연결된다'라고 표현해도 괜찮습니다.)

사념이 수도 없이 많다거나 우리에게 큰 영향을 준다는 사실을 나는 이미 20년 전부터 알고 있었습니다. 자세한 내용은 《사는 보람의 창조 Ⅱ; 영원한 사랑, 우연히 만나게 되는 생명》에서 보고 드렸습니다. 대략 20년 전 어느 사건을 계기로 영적인 능력을 얻게 되었습니다. 그 능력으로 필자는 '먼저 죽은 영혼들로부터 의뢰를 받아 영혼들의 메시지를 그 유족들에게 전한다'는 사회복지 활동을 무상으로 진행하고 있습니다. 덕분에 흔히 말하는 '유령'이란 대부분 '실존하는 영혼'이 아니라 '과거에 존재하고 있던 인간의 강렬한 감정'에 불과하며, 단지 그곳에 시간과 공간을 초월하여 남아 있는 것에 불과하다고 느끼고 있었습니다.

예를 들어 한번은 어느 병원에서 "지난달에 죽은 간호사의 유령이 나온다"라는 연락을 받았습니다. 확인해 보니 간호사의 영혼 같은 것은 병원 내에 전혀 존재하지 않았습니다. 오히려 그 간호사는 훌륭한 일을 많이 해서 많은 동료나 환자로부터 감사를 받으며 세상을 떠난 사람이었습니다. 지금은 눈부신 빛이 되었을 것이 분명하므로 그녀가 '유령'이 되어 헤매고 있을 이유는 전혀 없었습니다.

그러나 동료 간호사들은 '리넨실에서 일하고 있는 것을 봤다'는 등 죽은 간호사의 유령을 봤다고 말하는 사람이 많았습니다. 간호사들이 그런 거짓말을 할 이유도 사실 전혀 없습니다.

간호사들이 유령을 봤다는 장소에 가서 확인해보았고, 곧 그 이유를 알 수 있었습니다. 그 장소에는 강력한 '잔존사념'이 남아 있었습니다. 죽은 간호사가 여러 이유로 '강렬한 감정'을 남겼기 때문에 동료 간호사들, 그중에서도 특히 영적인 능력이 강한 사람들이 그 '잔존사념'을 감지한 것이며, 자기 나름대로 뇌에서 시각화하여 '유령'의 이미지로 인식한 것이었습니다. ('잔존사념'은 내가 창작한 단어입니다. 같은 표현을 사용하는 사람이 있다면, 우연히 같은 말을 창작한 것뿐이며, 나와는 완전히 무관하다는 것을 미리 밝힙니다.)

따라서 그런 장소에서 느끼는 '낌새'나 본 것 같은 느낌은 죽은 간호사의 영혼, 즉 '유령'이 아니라, 그 간호사가 그 장소에 남기고 간 '강렬한 감정'(잔존사념)에 지나지 않습니다. 잔존사념에게는 자발적으로 어떤 행동을 일으키려는 '의지'가 없습니다. 그러니 어떤 나쁜 짓을 하지 않으며, 단지 '그 장소에 존재하고 있는 정보(추억)'일 뿐이므로 겁낼 필요도 전혀 없습니다.

간호사들에게 이렇게 설명하니 "그런 거였군요"라고 납득하고 안심했습니다. 그 후 들리는 이야기로는 간호사들 사이에서 죽은 간호사의 '잔존사념'을 만나는 것이 하나의 붐이 되어 "나 또 만났어", "나도 만나고 싶어!" 등으로 모두가 즐기고 있다고 합니다. 그때까지 '유령 아니야?', '무섭다'라고 생각하던 간호사들이 반대로 마음을 열어 접해보니, 죽은 간호사가 열심히 일하고 있는, 좋은 추억거리를 볼 수 있었다는 것입니다.

다른 사례를 하나 더 소개하겠습니다.

수 년 전 친구 한 명이 '최근 우울증처럼 기분이 좋지 않다'라며 상담해 왔습니다. 특별한 원인도 없었고, 무언가 변한 게 있다면 단 하나, 수개월 전 거처를 옮겼다는 것이 전부였습니다.

　새 거처는 전보다 훌륭했고 새 집이었으며 보기에도 좋은 방이었습니다. 친구는 '이사한 것이 원인일 리 없다'고 이야기했습니다.

　꼭 그 방에 가봐야겠다는 느낌이 들었습니다. 그 방에 가보니 역시 이전에 살던 사람이 남기고 간 강렬한 잔존사념이 꽉 차 있었습니다. 그 잔존사념은 굉장히 깊은 슬픔과 고민, 고뇌의 감정이며, 아마도 최후에는 자살했든지 아니면 '자살 미수 사건을 일으키지 않았을까'라는 생각까지 들었습니다.

　그래서 친구에게 물어봤더니 "소개한 업자는 그런 말은 안했지만 이사 온 후에 옆집 사람에게 들었는데, 그 방을 오랫동안 누구에게도 빌려주지 않았다"라고 했습니다.

　"그것은 전에 살던 사람이 곤란한 사건을 일으켰거나 죽은 방이었기 때문이야."

　그러자 그 친구는 "그렇다면 지금도 그 사람의 유령이 이 방에서 헤매고 있단 말이야?"라며 깜짝 놀랐습니다.

　"아니, 그 사람의 영혼은 벌써 오래전에 많은 사람의 기도로 빛의 세계로 되돌아갔지만, 그 사람이 남긴 어두운 사념만 이 방에 가득 차 있는 거야……. 그런 비참한 잔존사념에 둘러싸여, 자네는 매일 여기서 생활하고

잠을 잤으니까, 자네도 영적인 능력이 강한 편이니까 그 영향을 받지 않을 수가 없었겠지…. 그러니 자네도 영문도 모른 채 기분이 점점 어두워진 거야."

친구는 겨우 납득했습니다.

"그렇다면 어떻게 해야 그 잔존사념이라는 것이 없어질까?"

"유감스럽지만, 이건 단순히 방이 더럽다는 것과는 달라서, 잔존사념을 깨끗이 없앤다는 건 불가능에 가까워. 시간과 공간을 초월해서 존재하고 있기 때문인데…… 최선은 하루라도 빨리 이 방을 떠나서 불필요한 잔존사념이 존재하지 않거나, 역으로 좋은 잔존사념이 존재하는 장소로 옮기는 거야."

친구는 즉시 새로운 거처를 마련했고, 완전히 원기를 회복했으며 우울증도 깨끗하게 사라졌다고 합니다.

'악령' 같은 것은 존재하지 않는다

제2장에서 소개한 '빛'들의 말 중에는 '악령 같은 것은 결코 존재하지 않는다'라는 메시지도 있었습니다. 과거 20년 이상 걸친 내 영적인 경험도 마찬가지였습니다. 그래서 단언할 수 있습니다.

우리가 간혹 '유령 같은 것', '뭔가 무서운 것'으로 느끼는 것의 정체는 99% 이상이 실제로는 '어슬렁어슬렁 돌아다니는 영혼'이 아닙니다. 우리가 단지 '잔존사념'을 감지할 뿐입니다. 잔존사념도 영적인 능력이 아주 강한 사람이나 느낄 수 있을 뿐 보통 사람은 그런 경험을 단 한 번도 겪지 않을 때가 더 많습니다. 그렇다고 예외가 전혀 없는 건 아닙니다. 《사는 보람의 창조 Ⅱ》에서도 예를 들었지만, 빛의 모습으로 되돌아가지 않거나 되돌아갈 수도 없는 영혼도 드물지만 분명 존재합니다.

- 그 영혼이 자기가 죽은 것을 알아차리지 못할 때
- 그 영혼이 자기가 죽었다는 사실을 인정하고 싶지 않을 때

그렇다고 그런 영혼이 악의라도 가진 건 절대 아닙니다. 그런 영혼을 접하는 인간이 오히려 두려워하거나 거부감을 느끼기에 그런 영혼을 악령 같은 나쁜 영혼으로 느끼고 반응하는 것뿐입니다. 더욱이 이런 '빛의 세계에 되돌아가지 않는 영혼'은 수적으로도 거의 없다고 말할 있을 정도로 그 수가 매우 적은 것이 사실입니다. 이 또한 내 경험으로 단언할 수 있습니다. 극히 드물게 배회하는 영혼이 있어도, 제2장에서 '빛'이 말한 것처럼, 그런 영혼이 생기는 즉시 '빛'들을 비롯한 '구제 담당 영혼'들이 곧바로 빛의 세계로 인도합니다. 그러니 일반 사람들이 그런 영혼을 만날 가능성은 한없이 '제로'에 가깝습니다.

따라서 '나는 유령을 봤다', '나는 여러 영혼들과 대화를 할 수 있다'라고 말하는 사람들의 대부분은, 물론 본인에게 악의가 있는 것은 아니지만, 단순한 '잔존사념'을 느끼고, 그것을 '유령'이나 '영혼'이라고 착각하고 있는 것뿐입니다. 따라서 그런 사람들로부터 '당신 집에 악령이 있다',

'당시에게 죽은 사람의 영혼이 씌었다' 등 지적을 당해도 신경 쓸 필요는 없습니다. 그냥 그 사람이 잔존사념을 착각하고 있을 뿐이니까요. 그냥 "알려주셔서 감사합니다" 하고 가볍게 흘려버리면 됩니다. (그런 사람들에게도 악의는 없지만 간혹 자기가 믿는 것이 옳다는 감정이 강할 때가 있습니다. 선의로 하는 충고에 '쓸데없는 참견'이라고 화를 낼 수도 없고, 대처하기 어려울 때가 적은 건 아닙니다……)

예를 들면, 얼마 전 어느 큰 안과병원 선생님에게 연락을 받았습니다.

"우리 병원 환자 분이 '알지 못하는 큰 남자가 나타나는 꿈을 몇 번이고 꾸어서 무섭다'고 호소를 하는데…… 실은 과거에 그 병실에 있던 환자 중 몇 사람이 같은 꿈을 꾸어서 섬뜩했던 일이 있습니다. 혹시 그 병실에 악령이라도 있는 건 아닐까요?"

하지만 그 병원은 안과 병원이었습니다. 병실에서 죽은 환자는 단 한 사람도 없었고, 그 병실에 악령이 있을 리가 없는 것입니다.

그래도 조사를 해봤더니, 어느 환자의 강력한 마이너스 잔존사념이 그 병실에 남아 있는 것을 발견했습니다. 과거에 그 병실에 입원했던 체격이 큰 남자 환자가 그 병실에 누워 있으면서 무슨 이유에선가 인생을 깊이 한탄하고 슬퍼했으며, 누군가에게 크게 분개했다고 합니다. 그 남자는 '강하고 깊은 감정을 나타내는 타입'의 사람이었으므로, 그 마이너스의 감정이 강력한 잔존사념으로 그 침대나 방에 남아 있었던 것입니다. 그래서 이렇게 조언했습니다.

"악령은 절대 아니니까 괜찮습니다. 걱정 안 해도 됩니다. 다만 앞으로도 영적인 능력이 강한 환자는 불쾌감이나 공포감을 호소할 수 있습니다. 병실 사용을 금지할 수는 없겠지만, 최소한 잔존사념이 밴 침대라도 교환하거나, 영적인 것에 전혀 관심 없는 완고한 유물론주의 환자로 배정해서 문제를 예방하는 것이 어떨까요?"

그러자 의사 선생님은 큰 소리로 웃으면서 기뻐했습니다.

《소울메이트》에서 소개한 것처럼 누구나 육신을 잃는 순간 본래의 모습인 영혼으로 돌아가며, 눈부신 빛의 모습이 되어 우주 그 자체와 일체화됩니다. 따라서 소위 말하는 악령은 절대 존재하지 않으며 그 존재를 믿을 필요도 전혀 없습니다.

그런데도 악령이 존재한다고 마음을 먹으면 그 순간부터 마음속에 '악령의 환상'이 존재하기 시작합니다. 사실은 존재하지 않는데도 자기 마음이 악령이라는 존재를 만들어서 스스로를 괴롭히는 것입니다. 전혀 믿지 않는 사람에게는 절대로 나타나지 않습니다. 역으로 믿는 사람에게는 실존하지 않는 악령이 마치 진짜 악령 같은 환상의 모습으로 존재하기 시작하는 것입니다.

이처럼 세상에서 '성불成佛할 수 없는 영혼'이나 '악령' 등으로 간주되는 것의 대부분은 실제로는 의지를 가진 존재로서의 '영혼'이 아닙니다. 의지를 가지고 있지 않는, 과거의 기록에 불과한 '잔존사념'입니다. 잔존사념은 현실적으로 실존하고는 있지만 단지 거기에 시간을 초월하여 존재하고 있을 뿐이며, 의지를 가지고 주체적으로 무엇인가를 행하는 것도, 어떤 영향력을 나타내려고 하는 것도 아닙니다. 어디까지나 그 잔존사념을 느낀 인간이 자기의 사고思考라는 필터로 그 잔존사념을 해석하고 반응할 뿐입니다.

같은 잔존사념을 접해도 사람에 따라 그 반응은 다릅니다. 또한 각 사람의 가치관에 따라 감지하기 쉬운 잔존사념의 종류(파조)도 완전히 다릅니다. 공포영화만 보고 있으면 어두운 잔존사념과 연결되기 쉽고 무서운 이미지를 느끼기 쉽습니다. 역으로 밝고 즐거운 생활을 하려고 마음먹고 있는 사람은 밝은 잔존사념과 연결되기 쉽습니다. 후자가 더 원기왕성해지는 건 당연한 결과입니다.

영적인 관점에서 볼 때 가장 안전한 장소는 바로 '무덤'입니다. 왜냐하면 무덤은 영혼을 잠들게 하는 정식正式 장소이며 성직자를 비롯하여 여러 부류의 사람들에게 기도를 받는 장소이기 때문입니다. 그런 장소에 '자기가 죽은 줄도 모르는 영혼'이나 '자기가 죽은 것을 인정하지 않는 영혼'이 있을 리가 없습니다. '무덤이 무섭다'고 하는 사람도 많지만, "정말로 악령이 무섭다면 무덤 속으로 달아나면 안전하다"라고 충고해드리고 싶습니다. 무덤은 전혀 무서운 곳이 아닙니다.

절이나 교회 등 종교 시설도 좋습니다. 종교 시설에는 신이나 부처 등 신성한 존재에게 기도하는 사람이나 그럴 기회가 많습니다. 그런 장소에 악령은 물론 배회하는 영혼 따위가 있을 리 없습니다. 떠돌아다니기 전에 누군가에게 기도를 받게 되든지, 아니면 그 전에 이미 빛의 차원에 연결되기 쉬운 장소이기 때문입니다.

사실 악령보다 무서운 것은 따로 있습니다. 악령이라는 표현으로 사람 심리를 조종하며, '악령이 씌었다'는 등의 말로 다른 사람을 현혹해서 돈을 얻는 인간들입니다. 아무리 온화한 얼굴로 다정하게 말을 건네더라도, "당신은 악령이 씌었습니다"라는 등의 말을 건네는 사람은 절대로 믿어서는 안 됩니다.

조금만 생각해 봐도 알 수 있는데, 정말로 영적인 능력이 있으며 이를 올바르게 사용하는 사람이라면 사람 마음에 좋지 않은 영향을 주는 '악령' 등의 표현을 사용할 리 없습니다. 당신에게는 '신God'이나 '부처', '천사'가 연결될 수는 있어도 '악령이 씌는' 일은 절대 없습니다. 이 사실을 마음속에서 먼저 깨달아야 자신을 지킬 수 있습니다.

잔존사념이란 무엇인가

더더욱 강력하게 자신을 지킬 수 있도록 이번에는 잔존사념의 정체를 언어로 표현할 수 있는 한계까지 정리해보겠습니다. 잔존사념은 다음의 세 요인으로 분류할 수 있습니다.

① 수(數; 그 장소에 존재하는 잔존사념의 종류). 시간을 초월하여 그 위치에 누적.

    a. 그 장소에 인간이 관여한 역사의 길이

    b. 그 장소에 관여한 인간의 수

② 농도(개개의 잔존사념의 강도). 그 장소에서 인간이 품은 감정의 크기.

③ 바람(개개의 잔존사념이 인간에 주는 영향). 플러스 방향(긍정적)인가 마이너스 방향(부정적)인가.

① 수

잔존사념은 시간을 초월하여 지구상의 그 위치에 누적됩니다. 어떤 장소에 몇 천 년 전에 살던 (또는 잠깐 들렀던) 사람이 남긴 잔존사념과 수십 년 전에 살던 (또는 들렀던) 사람이 남긴 잔존사념, 그리고 불과 며칠 전에 그곳에 있던 사람이 남긴 잔존사념이 누적되어 남겨집니다.

단 누적이 된다고 해도 이는 '사념'이지 '물질'은 아니므로 아무리 많은 잔존사념이 누적돼도 그 장소가 점점 좁고 답답해지는 것은 아닙니다. 물질이 아니므로 아무리 많은 잔존사념이 누적돼도 용량에 한계는 없습니다.

또 잔존사념은 '지구상의 그 지점'에 남겨지는 것이며, 오랜 시간이 지나 그 지점의 물리적 상황이 바뀌어도 그대로 남아 있습니다. 예를 들면,

먼 옛날에 허허벌판이던 장소에 남겨진 사념은 얼마 후 그 지점이 개발되어 도시로 변하고 건물이 세워져도 그대로 그 자리에 남아 있습니다.

오랜 옛날 집이었던 장소에 남겨진 잔존사념은 후에 그 집이 해체되어 댐 바닥에 수몰되었더라도 그대로 그 장소에 계속 존재합니다.

그 장소에 남는다는 것이 원칙이지만, 예외도 물론 있습니다. 어떤 이유로 그 사념이 특정의 '물건'을 향해 강력하게 염원될 때는 그 특징의 '물건'을 대상으로 남을 수도 있기 때문입니다. 예를 들면, 어떤 사람이 부적이나 염주念珠, 또는 십자가를 향해 어떤 사념을 강력히 집중했다고 합시다. 그 후 오랜 세월이 지나도 후세의 누군가는 그 강력한 사념을 감지할 수 있습니다.

같은 이치로 강력한 잔존사념은 그 대상이 '사람'일 때도 역시 축적될 수 있습니다. 예를 들면, 많은 사람에게 강력한 감사를 받는 인물에게는 그런 많은 감사의 사념이 축적됩니다. 그 인물을 접하는 다른 사람들도 대단히 좋은 인상을 느낄 수 있습니다. 역으로 많은 사람에게 강력한 노여움이나 원한을 받는 인물에게는 그러한 노여움이나 원한이 많이 축적되므로, 그 인물과 접하는 다른 사람도 정체를 알 수 없는 혐오감이나 공포감을 느낄 수 있습니다.

어떤 장소에 남겨진 잔존사념의 수는 다음 두 요인의 영향을 받습니다.

a. 그 장소에 인간이 관여해온 역사의 길이

그 장소에 인간이 관여해온 기간이 길수록 그 장소에서 무엇인가를 염원했다든지 강력한 감정을 품었던 사람들의 수도 많을 가능성이 높기 때문입니다. 예를 들어 몇 백 년, 몇 천 년 전부터 대도시로 발전해온 장소가 수 년 전에 도시로 조성된 곳보다 잔존사념의 수도 많고 강력할 것입니다.

물론 먼 옛날에는 대도시였지만 그 후는 쇠퇴하여 사람이 살지 않게 되었고, 최근에 와서 다시 살기 시작했다는 등, 장소마다 특징이 있으므로 단순히 연, 월에 비례한다고 볼 수는 없습니다.

b. 그 장소에 관여해온 인간의 수

역사의 길이와는 별개로 비록 역사는 짧더라도 관여한 사람이 많다면 역시 강력한 잔존사념이 남아 있을 수 있습니다.

예를 들면, 경기장이나 유원지 등에는, 최근에 매립된 장소라 할지라도 한꺼번에 몇 만 명 이상의 사람이 모여 격한 감정을 나타낼 가능성이 높습니다. 그렇다면 당연히 많은 양의 잔존사념이 남겨질 것입니다.

② 농도

농도는 그 장소에 남아 있는 잔존사념의 강도입니다. 더 큰 감정이 남아 있을수록 잔존사념의 농도도 진해집니다. 예를 들면, 인간끼리 살육하는 곳, 전쟁터가 그렇습니다. 단지 며칠에 불과한 전투라도 거기에서 죽이고 죽은 사람들이 드러낸, 더 이상 강력할 수 없을 정도로 강한 감정이 남아 있을 수 있습니다.

③ 바람직함

잔존사념에는 '바람직함'의 척도가 있습니다. 인간의 정신 상태에서 플러스(긍정적인)의 감정을 일으키는 것이냐, 마이너스(부정적인)의 감정을 일으키는 것이냐에 따라 바람직한 잔존사념인지 아니면 바람직하지 못한 잔존사념인지 '질'이 달라집니다.

플러스의 잔존사념이란 기쁨, 즐거움, 안심감, 릴렉스, 치유의 감정 등 우리를 행복한 감정으로 인도하는 것입니다. 디즈니랜드 같은 리조트 시설이 대표적인 예입니다. 그런 곳은 그저 거기에 있다는 것만으로도 행복해집니다. 과거에 거기서 놀았던 많은 사람이 남겨둔 '즐거움', '기쁨' 등 강력한 감정, 즉 '플러스 잔존사념의 집단'에 둘러싸여 있기 때문입니다. 유서 깊은 온천 지역도 그렇습니다. 이때까지 거기서 묵은 많은 사람의 '안락함', '기분 좋음' 등의 감정이 축적되어 있기 때문에 그저 거기에 몸을 두는 것만으로도 몸 상태가 좋아집니다.

한편 마이너스의 잔존사념은 노여움, 슬픔, 공포, 긴장 등 우리를 불행한 감정으로 끌고 가는 것입니다. 앞서 예를 들었던 전쟁터나 처형장, 사고나 재해로 사람들이 죽은 장소 등이 대표적입니다. 마이너스 잔존사념이 강하게 남아 있는 장소에 가면 그저 거기에 있는 것만으로 괴롭고 고통스러운 기분이 됩니다.

'바람직함'이라는 관점에서 볼 때 재미있는 사실이 하나 있습니다. '강력하지만 방향을 가지고 있지 않는 초월超越 감정'이라는 잔존사념입니다. 그것은 소위 '경건한 (우주와 연결된 영적인) 기분'을 말하며 하느님이나 부처님, 우주나 고인이 된 사랑하는 사람 등에게 기도를 드리는 사념을 의미합니다. '경건한 기분'은 밝은 감정뿐만 아니라, 사랑하는 사람을 잃고 슬퍼하며 기도드리는 기분과 같이 여러 감정이 뒤섞여 있습니다. 슬프고 고통스러운 건 사실입니다. 하지만 거기에 신^{God}이나 절대자에게 가호나 은총, 자애를 바라고 기도하는 희망의 소원이 담긴 것도 사실이기에, 마이너스의 잔존사념이 되지는 않습니다. 오히려 '경건한 기분'은 마이너스의 잔존사념을 정화하고 부드럽게 합니다. 실제로 우리는 우리가 마이너스의 감정에 사로잡혀 있다고 느낄 때면 극히 자연스럽고도 본능적으로 '경건한 기분'이 되어 기도를 드리려 합니다.

잔존사념의 형태가 결정되는 건 이상의 세 가지 요인(수, 농도, 바람직함)입니다. 예를 들어 역사가 길고, 사는 사람이 많았고, 강력한 감정을 발생했던 유서 깊은 대도시에서는 도처에 무수한 잔존사념이, 더욱이 바람직한 것과 그렇지 못한 것이 뒤죽박죽 남겨져 있을 겁니다. 어릴 때부터 그곳에서 살아온 사람들은 익숙해져 있겠지만, 잔존사념이 적은 시골에서 자란 후 대도시로 이주해 온' 사람들에게는 그것만으로도 스트레스가 될 때가 많습니다.

또 잔존사념에는 '영향 범위' 또는 '영향력'의 개념이 존재합니다. 비유하자면 '냄새'와 같습니다. 냄새가 강할수록 멀리 떨어진 곳에서도 느낄 수 있는 것과 같습니다. 잔존사념도 플러스건 마이너스건 진한 잔존사념의 영향 범위는 넓습니다. 당사자의 영적인 능력에 따라 다르겠지만, 보다 멀리 있는 사람에게까지 영향을 줍니다. 마찬가지로 농도가 희박한 잔존사념은 플러스건 마이너스건 그 영향의 범위는 좁습니다. 그 장소에 상당히 가까이 가지 않는 한 영향을 받을 일은 없습니다.

물론 영적인 능력이 강하다면 희박한 잔존사념도 강하게 느끼고 영향을 받으며, 역으로 영적인 능력이 약하다면 그 영향을 받을 가능성이 낮아집니다.

또 잔존사념은 원칙적으로 그 장소(그 감정이 발생한 토지)에 남아 있습니다. 심지어 지표면의 높이가 변한다고 해도 원래 높이에 남아 있습니다. 예를 들면, 원래 산이었던 장소에 남겨진 잔존사념은 그 산이 깎여나간 후에도 원래의 위치, 즉 현재로서는 공중에 해당하는 곳에 그대로 남아 있습니다.

예를 들어 호텔 20층 2001호실에 남겨진 잔존사념은 그 호텔이 서 있는 동안에는 2001호실에 남아 있으며, 호텔이 철거되면 종전에 2001호실이었던 허공에 그대로 남습니다. 호텔이 철거됐다고 해서 잔존사념이 일층으로 내려온다거나 사라져 없어지는 건 아닙니다. 그러나 앞서 말한 것처럼 잔존사념이 특정 '물건'에 남겨질 수도 있기 때문에 그 벽이나 바닥이나 천장이나 침대나 책상 등에 남겨진 잔존사념은 그 장소에서 사라질 것입니다.

또 원래 1층에 잔존사념이 남겨진다면, 2층 이상에는 영향을 주지 않습니다. 잔존사념이 남겨진 장소에 고층건축물을 세웠다고 해서 그 위에 세워진 층에까지 영향을 주지는 않습니다. (물론 영적 능력이 강하다면 2층에 있어도 1층에 존재하는 잔존사념을 느낄 수 있습니다……).

여기서 이 물질세계에 살는 과학자로서 품는 소박한 의문이 있습니다. 그것은 잔존사념이 시대를 초월하여 그 장소에 계속 머무르려면 지구 중력의 영향을 받을 필요가 있지 않을까 하는 의문입니다. 우주에서 볼 때 지구는 자전합니다. 중력의 영향을 받지 않는다는 것은 '우주에서 본 그 지점'에 계속 머문다는 것입니다. 그렇다면 지구상의 우리 쪽에서 보면 그 위치가 점점 어긋나는 건 당연한 결과일 것입니다.

그러나 잔존사념은 물질이 아닙니다. 그러니 중력의 영향을 받지 않습니다. 잔존사념은 지구상의 물리적인 '장소'나 '지점' 또는 '공간'에 존재하는 것이 아니라, 지구나 우주 전체에 비편재非偏在적으로, 즉 위치를 특정 짓지 않고 저장되어 있습니다. 지구에 존재하는 우리 쪽에서 어떤 조건을 만족시켰을 때, 예를 들어 특정 지점에 섰을 때, 그 지점과 관련 있는 잔존사념의 정보에 액세스(연결)할 수 있는 구조가 생긴다고 설명할 수 있습니다.

그런 순간 '잔존사념의 액세스 포인트'는 물질과 비물질 양쪽의 특징을 구비하게 됩니다. 어떤 구조적 장치로 지구상의 그 지점에 계속 존재하게 됩니다. 그러므로 '영향 범위'란 '액세스 포인트의 크기'를 가리키거나 '액세스 포인트가 발하는 신호의 강도'일지도 모릅니다.

사실 이것도 인간이 이해할 수 있는 3차원적인 구조 안에서 '가로, 세로, 높이'라는 세 가지 척도만으로 어떻게든 설명해보려는 것에 지나지 않을 수 있습니다. 실제로 육신을 떠나 영혼의 모습이 되고 보니 '가로, 세로, 높이'를 초월한 새로운 차원에서 활동하게 되었습니다. 앞에서 말한 것과 같은 물질세계적인 의문은 일체 느낄 필요가 없어졌습니다.

'빛'이 말한 것처럼 잔존사념의 구조를 이치로 이해하려고 할 것이 아니라 직관적으로 받아들이는 것이 필요할 것 같습니다.

잔존사념의 활용 방법

잔존사념의 개념으로 우리는 오히려 잔존사념을 활용할 수 있습니다. 우리가 '왠지 모르게 ……한 느낌이 든다'라는 감각에 사로잡힐 때는, 그 장소나 물건, 사람에 딸린 잔존사념의 영향을 받고 있을 가능성이 높습니다.

예를 들면, 외지 호텔에서 숙박할 때는 그럴 수 있습니다. 보기에는 깨끗하고 좋은 방이었는데 점점 마음이 무거워지고 괴로워질 때가 가끔 있습니다. 그럴 때는 먼저 그 방에 묵었던 사람 중 누군가가 복수와 같은 강력한 마이너스 잔존사념을 남긴 것입니다. 자살이나 자살 미수, 급한 발작 등으로 죽었을 수도 있습니다.

이럴 때 대응 방법은 보통 두 가지입니다. 하나는 "이것은 잔존사념일 뿐이며, 결코 악령이 있는 것이 아니므로 신경 쓸 필요가 없다"라고 생각하고 마음을 편하게 먹는 것입니다. 다른 하나는 방값이 아깝더라도 다른 방으로 옮기든가 다른 호텔로 이동하는 것입니다.

　필자도 영적인 감각이 강한 편입니다. 그래서 호텔에서 여러 잔존사념을 강하게 느낄 때가 많습니다. 보통은 신경 쓰지 않고 지내지만, 자살한 사람의 잔존사념이 차 있는 방은 되도록 피하려 합니다.

　"호텔에서 유령 같은 것을 느꼈던 일이 있어 무서웠다"고 말하는 분들도 종종 있습니다. 그럴 때는 이렇게 조언합니다.

　"최근 매립지에 새로 건축된 호텔의 높은 층에 묵으면 잔존사념이 있을 리 없습니다. 유령 같은 것을 만날 위험성도 당연히 없겠죠?"

　말이 나온 김에 좀 더 조언을 한다면, 예약 등의 절차 없이 갑자기 아무 호텔에서나 묵는 건 피하라고 조언하고 싶습니다.

　또 실제로 살게 될 방이나 집을 찾을 때도 잔존사념을 잊어서는 안 됩니다. 이때까지 그 방이나 집에 살고 있던 사람들이 여러 가지 잔존사념을 남겼기 때문입니다.

　예를 들면 대단히 사이가 좋은 커플이나 가족이 살던 장소라면 즐겁고 행복한 잔존사념이 남아 있습니다. 그곳에서 사는 것만으로도 본인이나 가족들의 원기가 왕성해질 겁니다. 그러나 그 반대로 싸움만 하고 사이가 나빴던 사람들이 살았던 장소에서는 신경이 예민해지거나 몸 상태가 나빠지는 등 악영향이 있을 수 있습니다. 따라서 방이나 집을 고를 때는 외관이나 내장이나 넓이나 청결함만큼 '어떤 잔존사념을 느끼는가?'라는 조건도 고려해 볼 필요가 있습니다. 문서나 사진만으로 고를 것이 아니라 실제로 들어가서 '분위기'나 '느낌'을 확인해야 합니다. "여기에는 어떤 분이 살고 계셨습니까?"라고 물어보는 것도 좋습니다. '사이가 좋은 커플이나 가족', '밝고 행복한 사람' 등 좋은 사람들이 살았던 장소가 당연히 좋겠죠.

또 잔존사념을 활용해서 자기의 인생이나 생활을 크게 조절할 수도 있습니다. 잔존사념은 우리에게 어떤 기분이 들게 하기 때문입니다.

집중해서 공부를 하고 싶을 때는 '많은 사람들이 공부에 집중했다는 잔존사념이 진하게 남아 있는 장소' 즉 도서관 같은 곳이 좋습니다. 수험생을 둔 있는 부모라면 '열심히 공부해서 지망하는 학교에 합격한 선배'가 살고 있던 방이 이상적이며, 연인을 가지고 싶은 사람이라면 '연인이 없어서 곤란했던 사람이 울면서 살던 방'보다도 '연인과 즐겁게 생활하던 사람이 살던 방'이 더 좋습니다.

또 "이것 안 되겠다. 마이너스의 잔존사념의 영향을 받았다"라고 느낄 때는 근처의 교회나 절 등 종교 시설을 추천합니다. 그런 장소에서 기도하는 것만으로도 그 악영향을 중화할 수 있습니다. 그런 장소에 가는 것만으로도 마음이 경건해지기 때문입니다. '최근에 원기가 없다'든가 '피로하니 기분 전환을 하면 좋겠다'고 느낄 때는 플러스 잔존사념이 진하게 남아 있을 만한 장소에 가면 좋습니다. 마치 많은 사람의 행복한 잔존사념을 몸 전체에 쬐는, 일종의 '잔존사념 욕浴'이라고도 할 수 있습니다. '삼림

욕'처럼 잔존사념도 얼마든지 의학적으로 활용할 수 있습니다.

덧붙여서, 당연한 일이지만 본인의 잔존사념에도 '연결'할 수가 있습니다. 예를 들어 방문한 추억이 있는 장소에 다시 가보는 겁니다. 실제로 자신의 잔존사념이 남아 있으니 당시의 일을 기억하며 추억에 잠길 수 있습니다. 먼저 간 사랑하는 고인과 함께 간 장소를 재방문해도 마찬가지입니다. 그 사람과 함께 했던 즐거운 추억을 마치 지금처럼 맛볼 수 있습니다.

역으로 지금까지의 나를 바꾸고 싶다거나 인생을 새로 재출발하고 싶을 때도 있습니다. 그럴 때 과거의 '잘못된 인간'이었던 내 잔존사념이 가득한 주거를 버리고 새로운 주거로 옮기는 것도 좋습니다. 같은 장소에 머물러 있는 한, 과거 자신의 잔존사념에 잠겨 생활하는 것이므로 결국 과거와 같은 '잘못된 삶'을 반복할 가능성이 높습니다.

'종교'의 진실

영혼이 가는 곳

육체에서 떠났을 때의 느낌을 구체적으로 설명하겠습니다.

그 느낌을 전하려면 '이젠', '끝냈다', '순간'이라는 표현은 어울리지 않습니다. '시간'이라는 개념이 떠오르기 때문입니다. 우리의 표현으로는 시간 관념을 배재할 수 없지만 그래도 굳이 표현하자면 다음과 같습니다.

"물질세계에서 해야 할 일을 모두 끝냈다고 생각한 순간 나는 '맹렬하게 진동하고 반짝이기 시작했다'고 느꼈습니다."

이미 '공간'의 관념에서 해방되었기에 '어딘가 다른 장소로 이동했다'고는 말할 수 없습니다. 오히려 '어딘가 다른 곳('장소'가 아닌 어딘가)으로 내 영혼이 연결을 바꿨다'고 하는 표현이 좀 더 정확합니다. 알기 쉽게 물리적인 표현을 빌린다면 '영혼으로서의 내 정체는 '빛'이며 나는 그 '빛'으로서의 파조(진동수)를 급격하게 높여서 더 눈부시게 반짝이는 '빛'이 되었고, 덕분에 다른 차원에 연결되었다(옮겨갔다)고 할 수 있습니다.

'내가 있는 물리적인 위치나 장소가 바뀌는 게 아니라 나 자신의 반짝임(진동수 또는 파조)을 현격하게 높임으로써 물질세계와는 전혀 다른 높은 차원으로 연결되었다'라는 표현이 더 적절합니다. 그렇게 내 의식은 물질세계와는 다른 별도의 세계에 연결되었습니다. 말 그대로 '이 세상에서 저 세상으로' 이동한 셈입니다.

단, 이때 '빛으로서 나의 진동을 어디까지 높일 수 있는가'에 따라 '연결'이 가능한 차원이 달라지는 것처럼 느꼈습니다. 파조가 높아 아주 눈부신 차원에 연결될 때도 있고, 역으로 파조가 낮은 어둠침침한 차원 외에는 연결될 수 없을 때도 있습니다.

'천국'과 '지옥'의 정체

지금 생각하면 '영혼'으로서 경험한 '연결되는 차원의 차이'야말로 종교에서 '천국과 지옥'이나 '최후의 심판'이라고 표현했던 것과 흡사합니다. 임사체험이나 퇴행최면의 경험자가 '죽은 후에 자기의 인생을 자기 평가했다'고 말하는 기억 등을 합리적으로 해석하는 데에도 도움이 될 것 같습니다.

즉, 우주에는 여러 가지 파조의 차원이 있어서, 인생이라는 배움을 마친 '영혼'은 그 배움의 내용이나 레벨에 따라 육체를 떠난 후의 '빛'으로서의 진동수(파조)가 다르기 때문에 자기의 파조에 대응하는 최적인 차원에

'연결'된다는 해석입니다. 이때 우리가 영혼이라고 부르는 것이 '빛'인 이상, 더 파조가 높거나 진동수가 많은 것, 즉 더 '눈부신 빛'일수록 고차원의 존재라는 것을 알 수 있습니다. 자신이 빛날수록 자신이 더 자랑스럽겠죠. 그러므로 이 '눈부신 빛으로서의 긍지'야말로 우리에게 가장 중요한 것, 즉 빛으로서의 행복을 의미하게 됩니다.

따라서 '인생'을 배움의 기회로 삼고 더 큰 사랑을 실천한 영혼일수록 육체를 떠났을 때는 더 많이 진동할 수 있고, 더 높은 파조의 빛, 즉 '눈부신 빛'으로서 더 고차적인 차원에 연결될 수가 있다……. 그래서 '빛으로서의 행복'도 더 크고 깊어진다는 것입니다.

역으로 배움이나 사랑하는 것(즉 '빛'으로서 자기의 진동을 높이는 것)을 포기한 영혼은 진동이 높아지지 않고 오히려 더 낮아집니다. 육체를 떠났을 때 '파조가 낮은(어두운) 빛'의 모습을 갖게 되며, 연결될 수 있는 차원도 낮다……. 그러므로 당연히 '빛으로서의 행복'도 더 낮을 것입니다.

인생에서 얻은 배움이나 실천한 사랑의 정도에 따라 인생을 끝마친 후에 '연결'할 수 있는 차원이 달라진다는 현상(우주의 구조)을 옛적부터 종교에서는 '인생을 보낸 방식에 따라 죽음 후의 행선지가 달라진다'라고 표현한 것입니다. '보다 파조가 높은 빛으로서의 행복감이 강한 차원'을 '천국'이라 부르고, '보다 파조가 어둡고 빛으로서의 행복감이 낮은 차원'을 '지옥'이라 이름 붙여 민중에게 설명해온 것 같습니다.

그런데 내가 이번의 경험으로 이해한 바로는, 실제는 육체를 떠난 후에 '연결'되는 차원은 많으며, 단순히 '천국'(최고 파조의 차원)과 '지옥'(최저 파조의 차원) 두 가지만이 아니라고 느꼈습니다. '천국'이나 '지옥' 그 자체를 여러 부류로 나누어 설명하는 종교도 실제로 많습니다.

단, '지옥에 빠지면 빠져나올 수가 없다'라는 설명은 물질세계적인 오해에 불과합니다. 각각의 종교가 긴 세월을 겪으며 인간적인 생각을 추가한 것이라고 생각합니다. 한 종교가 '지옥'이라고 표현하는 '파조가 낮은 차원'과 연결되었다고 하더라도 또다시 '인생'이라는 배움의 기회에 도전하여 훌륭하게 '배움'과 '사랑'을 달성하면, 점점 더 고차적인 차원으로 자기 자신을 높여갈 수 있기 때문입니다.

또 '천국에는 아름다운 꽃이 만발하고……', '지옥에는 피의 연못이 있어서…'라는 설명도 너무나 물질세계적인 상상이며, 각각의 종교가 긴 세월을 보내면서 인간들이 공상에 의해 추가해온 것이라고 생각합니다. 실제로 '꽃밭'이나 '피의 연못' 같은 것이 있을 수는 없지만, 이런 물질적인 표현을 사용해서 설명하는 편이 민중들에게 보다 구체적이고 알기 쉽게 전달할 수 있기 때문입니다.

종교의 목적은 민중을 구제하는 것입니다. 알기 어려운 추상적인 표현을 하는 것은 민중이 활용할 수 없습니다. 따라서 전달하고자 하는 쪽에 서 있는 사람들(예를 들면 신부나 목사, 승려 등)이 민중에게 쉽게 설명하기 위해서 그런 구체적인 이미지를 고안한 것이죠.

더욱이 종교로 '죽음 후의 세계는 이런 곳', '천국과 지옥은 이런 장소'라는 구체적인 설명을 받은 사람은 죽는 순간에도 그런 이미지를 가지게 되기 쉽습니다. 영혼으로 만나는 세계는 '비물질'의 세계이며, '실체가 없는 이미지'만으로 경험하는 세계이기 때문입니다. 자기 상념想念을 그대로 눈앞에 영상화할 수 있습니다. 그러니 죽음의 순간 불교도는 불교적인 이미지를, 기독교도는 기독교적인 이미지를 각각 경험할 가능성이 높습니다.

나는 종교의 가치를 정확하게 평가하고 있지만, 특정한 종교는 믿지 않고 완전 중립을 유지하고 있기 때문에 이번에도 특별하게 부처님이나 예수님의 비전이 마중 나오지는 않았으며, '요단강'이나 '천국의 문', '꽃밭'이나 '피의 바다' 등의 영상을 본 것도 아닙니다. 다만 빛의 차원도 경험하고, 종교에서 말하는 것과 같은 존재(눈부신 빛)들과 대화도 나누고, 심지어 궁극의 빛(극한까지 눈부신 빛)과도 만났기에, 종교에서 말하는 그런 존재가 존재한다는 건 확신합니다. 종교라는 형태를 취하든, 또는 종교가 아닌 다른 형태를 취하든 간에 단순한 방법론의 차이에 지나지 않으며, 내가 아는 한 '눈부신 빛'들은 확실히 실존한다고 믿습니다.

특히 종교에서 자주 말하듯, '생전의 행위에 따라 죽음 후의 행선지가 달라진다'라는 가르침은 인간이 창작한 게 틀림없다'고 생각합니다.

소위 '죽음 후의 세계'라는 것은 한 개밖에 없으며, 어떤 사람이라도 육체를 떠나 영혼의 모습으로 되돌아올 때는, 도중의 경과의 차이는 다소 있을지라도 같은 곳에 돌아온다고 생각하고 있었습니다. 그러나 이번 경험으로 '생전에 얼마만큼 배우고 얼마만큼 사랑했는가?'라는 기준에 근거하여 영혼으로서 자기의 반짝임(파조 또는 진동수)이 달라지며, 그 결과 '연결'할 수 있는 차원도 달라진다는 것을 분명히 인식할 수 있었습니다.

그런 의미에서 여러 종교에서 가르치고 있는 '죽음 후 행선지의 차이'라는 개념은 표현 방법의 차이가 있을지라도 분명한 사실이다'라고 실감했으며, 과학자의 말석에 있는 사람으로 겸허한 심정은 종교적인 가르침이나 개념이 근본적으로는 옳다는 것입니다.

무엇보다 이번 '죽어간다'는 체험으로, 비슷한 정보가 진실하다는 것을 믿게 되었습니다. 내 임사체험이 내 뇌가 창작한 것이라면, 그 이야기는 모두 내 지식의 범위 안에서 내가 믿고 있는 형태로 창작될 것입니다. '죽은 후에는 누구나 같은 곳에 간다'라는 이야기가 되었어야 할 것이라는 의미입니다.

그런데 오히려 나는 내가 알지 못했던 일, 심지어 믿기는커녕 강하게 부정하려 했던 일을 경험하고야 말았습니다. 믿고 싶었던 것도 있지만, 역으로 내가 틀렸다는 사실을 통감하는 것도 많았습니다. 그래서 나는 이번 경험과 배움이 진실이었다고 더더욱 확신할 수 있습니다.

종교의 성립 과정

그런 의미에서 종교의 성립 구조나 과정도 자연스럽게 이해할 수 있습니다. 예를 들어 보편적인 종교의 대표격인 불교나 기독교의 성립을 생각해봅시다.

이때까지 책에서 소개한 수많은 사례처럼, 인간이 최면이나 임사체험

등 몇 가지 방법으로 '트랜스퍼스널_{transpersonal: 개인을 초월하여 우주와 연결되는}한 의식 상태가 됐을 때, 인간의 의식에 '눈부신 빛'이라고 표현되는 모습의 불가사의한 존재가 나타납니다. 아마도 일찍이 불교의 석가모니나 기독교의 예수(그리스도)도 명상이나 수행 과정의 어느 순간 트랜스퍼스널한 상태로 들어갔던 것 같습니다. 그들도 우리가 만난 '눈부신 빛'을 만났던 것입니다. 그들도 나처럼 어떤 계기로 임사체험을 했을 수도 있습니다.

그렇게 의식 속에서 '눈부신 빛'과 만나, 삶과 생명에 관한 메시지를 받고 "드디어 나는 깨달음을 얻었다", "나는 하느님의 계시를 받았다"라고 감격하며 구원을 받았던 것입니다. 그들이 '시련으로 고통 받는 민중들을 구하고 싶다'라는 사명감에 불타게 된 것도 당연한 결과입니다. 저 '눈부신 빛'으로부터 얻은 메시지는 그만큼 훌륭합니다.

그러나 2000년도 넘게 오래된 옛날 일이라 민중에게 널리 알리기는 절대 쉽지 않았을 겁니다. TV도 인터넷도 신문도 잡지도 전화도 비행기도 자동차도 없었습니다. 비록 문자로 썼다 해도 종이조차 귀한 시대였고, 대량으로 인쇄해서 널리 민중에게 배부하기란 불가능에 가까운 일이었을 겁니다. 심지어 당시는 넓은 지역에 공통되는 언어나 문자도 충분히 발달하지 못한 시대였으며, 애초에 문자나 문장을 제대로 읽고 이해할만한 민중도 많지 않았습니다. 그런 시대에 어떻게 '눈부신 빛'의 메시지를 민중에게 전할 수 있겠습니까?

그 답은 현대에도 지구상에 존재하는 '말은 있지만 문자는 없다'는 소수민족을 보면 명백해집니다. 소수민족은 여러 정보를 '이야기'의 형태나 때로는 의식이나 노래, 춤으로 사람에서 사람으로, 어버이에서 자녀로 구전합니다.

그들은 그 메시지를 '그 지역 사람들이 이해할 수 있는 이야기'로 가공하여, 때로는 의식이나 노래, 춤 등도 병용하면서 여러 지역에서 민중에게 설법했을 것입니다.

물론 석가나 예수 본인 및 제자들의 활동 범위에는 한계가 있습니다. 그래서 석가나 예수의 가르침에 공감한 간접적인 제자들이 보다 광범위한 지역을 돌아다니며 지역이나 시대에 맞게 가공을 더했을 것입니다. 메시지를 들은 군중도 마찬가지입니다. 누군가는 분명 이를 주위 사람들에게 전했을 것이며, 한편으로는 그 믿음을 공유하는 사람들의 조직화도 진행되며 현대까지 이어지는 '조직 종교'로서 발전한 것입니다.

종교적 '가르침'의 본질

그렇게 메시지는 '그 시대 그 지역의 민중들이 이해할 수 있는 형태'로 가공됨과 동시에, '보다 알기 쉽고 외우기 쉽고 타인에게 전달하기 쉬운 드라마틱한 이야기'로 가공되었을 것입니다. 예를 들어 석가의 체험은 '이천수백 년 전 인도 지역의 사람들이 이해하기 쉬운 이야기'로 가공되었으며, 예수의 체험은 '이천 년 전 지중해 연안의 사람들이 이해하기 쉬운 이야기'로 가공됐을 것입니다. 같은 메시지라도 그 후의 가공(맛을 조미)하는 방법이 달랐기 때문에 후세에 구전된 가르침이나 의식이나 노래의 내용도 표면적으로는 다른 것으로 보이게 된 것입니다.

그렇지만 석가나 예수가 '눈부신 빛'으로부터 얻은 메시지에는 본질적인 차이는 없는 것이 분명합니다. 따라서 '당시 그 지역 민중에게 알기 쉽게 전달하기 위해서 가공한 부분'이나 '오랜 세월을 거치는 동안에 성직자들이 가공'한 모든 것을 떨어낸다면, 그 근저에 흐르는 메시지(가르침)는 같을 것입니다. 많은 보편적 종교에서 가르치는 종교 또는 종파의 미세한 차이를 떨어낸다면, 대부분 본질적으로는 같은 메시지입니다. 이러한 사실은 '종교의 성립과 발달의 역사'를 이해할 때 지극히 자연스럽고도 당연한 현상입니다.

인간 사회에서는 간혹 '어느 종교가 진리인가?'라는 논쟁이 생깁니다. 하지만 이런 질문은 질문 자체가 잘못된 것입니다. 사실은 '수많은 종교에 공통되는 기본 원리'만이 '진리'이며, 각 종교의 서로 다른 부분은 인간들이 여러 사정으로 진리를 가공하여 다르게 표현한 것에 지나지 않습니다. 그러므로 종교마다 다른 부분에 주목하여 '어느 종교가 진리냐?'라고 고민하면 할수록 도리어 '진리'에서 멀어져가는 역설에 빠질 수 있습니다.

오히려, 어떻게든 복수의 종교를 비교 평가하고 싶을 때는 '어느 종교가 진리인가?'라는 무의미한 물음을 하는 것보다, '어느 종교가 좀 더 유용한가?'(보다 알기 쉽게 효과적으로 사람들을 구제할 수가 있는가?)라는 '진리의 가공방법'을 물어야 할 것입니다.

단, 나는 '구제할 수 있었던 민중의 수가 많음'이 그대로 '그 종교의 가치'를 결정한다고 생각하지는 않습니다. 굳이 종교의 가치를 비교하고 싶다면 '수'(얼마나 많은 신자가 있는가?)보다도 '질'(신자들에게 얼마나 깊고 큰 구원의 효과를 가져다주는가)이라는 기준이 보다 정확한 지표가 될 것입니다. (그것을 객관적으로 평가하는 것은 무리한 난제라고 생각은 합니다만……).

'신God'이나 '불佛'은 존재하는가

그래도 저는 과학자입니다. 모든 영적인 현상을 무조건 수용하는 건 아닙니다. 영적인 현상을 악용하여 '악령이 씌었다'고 협박하거나 두려운 마음을 조장해서 돈벌이를 하는 사람들, 영적인 개념을 타인에게 강요하는 일의 해악은 이미 몇 번이나 강조했습니다. 이 책에서도 '악령'을 위시하여 일반적인 '유령'의 존재까지도 분명히 부정하고 있습니다. 《사는 보람론》은 여러 모로 본래의 의미에서 종래의 유심론이나 관념론spiritualism과는 명백히 다릅니다.

그러나 유물론을 지지하는 과학자들은 이 책을 '출혈 상태에 있었던 저자의 이상한 뇌가 만들어낸 단순한 공상에 지나지 않는다'라고 단정할 수 있습니다. 처음부터 완전 무시하든지, 역으로 제대로 읽어본 후에 비판한다면 대환영입니다만, '제대로 읽어보지도 않고 단순히 엉터리 취급하는' 분들은 환영하지 않습니다.

20여 년간 나는 '비논쟁주의'를 관철해왔습니다. 그러니 아무리 바보 취급을 당해도 반론하지 않습니다. 그러나 글을 마치는 마당에 다음의 견

해는 분명히 해둡니다.

이 책의 내용을 유물론의 처지에서 '저자가 창조한 것이며 이 책은 어디까지나 뇌 내의 현상에 지나지 않는다'라고 해석해도, 이 책의 가치는 절대 손상되지 않을 것입니다.

비록 이 책의 내용이 뇌 내의 현상에 지나지 않으며, 내가 만난 '빛'들(종교적 표현으로 말하는 '신'이나 '불'에 상당하는 존재를 포함함)이 내 뇌 속의 존재에 지나지 않다고 하더라도 '내 속에 분명히 존재하고 있다'는 사실에는 아무런 변함이 없기 때문입니다.

나에게 문제는 '빛의 존재가 뇌 외부에 있느냐 내부에 있느냐'가 아닙니다. 더 중요한 문제는 '뇌 외부든, 내부든 간에 확실히 실존하고 있다'라는 확신입니다.

종교에서는 '신이나 불은 인간과는 별개의 존재로서 인간(뇌)의 외부(우주의 어딘가)에서 인간을 지켜보고 있다'라고 해석하는 것이 일반적입니다. 유물론적 과학에서는 "신도 불도 인간 뇌의 산물에 지나지 않으며, 인간의 외부에 존재하는 것이 아니므로 실제에는 신이나 불은 존재하지 않는다"라고 말합니다. 이러한 해석의 차이 때문에 '종교'와 '과학'은 근본적으로 다른 것으로 간주됩니다.

그러나 이번 체험으로 확실히 깨달았습니다. 만약 유물론적 과학자가 "신이나 불은 인간의 뇌의 산물에 지나지 않으며 인간의 외부에 존재하는 것은 아니다"라고 말한다 해도 그 말을 근거로 '신도 불도 실존하지 않는다'라고 결론짓는 것은 완전한 잘못된 것입니다.

유물론의 가정이 진실이라면 "인간의 뇌가 신이나 불이라는 개념을 창조하고 그 개념으로 자기 스스로를 편안하게 하며, 자기 스스로를 고무시키고, 격려하고, 사랑을 실천하며, 스스로의 가치를 높이고자 한다"라는 것도 부정할 수 없습니다. 하지만 뇌가 실천하는 그 행위야말로 바로 '신이나 불의 자애慈愛'라고 부르기에 알맞은 것입니다. 그럴 때 신이나 불은 인간의 뇌의 내부에 '자기 스스로를 편안하게 하고, 자기 스스로를 고무시키고, 격려하며, 스스로의 사랑을 실천하고, 스스로의 가치를 높여주는 존재'로서 확실히 실존하고 있는 것입니다. 모든 인간의 뇌에는 유전자의 소행으로서 이러한 공통된 기능이 구비되어 있습니다.

거기서 '신앙심'이 강한 인간에게서는 그 기능이 강하게 작용하고, '신앙심'이 약한 인간에게서는 그 기능이 작용하지 않는다는 것뿐입니다. 아니면 그 기능이 강하게 작용하는 인간을 신앙심이 강한 사람이라고 부르며, 그 기능이 약한 인간을 '신앙심이 부족한 사람'이라고 부른다는 것뿐일지도 모르겠습니다.

종교의 영향을 받은 사람은, 뇌의 그 기능을 '신God이나 불佛'이라고 스스로 일컫고, '종교'의 영향을 받지 않은 사람은 그 기능을 '도덕심'이나 '양심'이나 '사랑'이라고 이름 짓는 것 아닐까요?

이처럼 이해하면 비록 유물론의 처지에서도 '뇌 기능으로서의 신이나 불'은 확실히 실존하는 것입니다. 더욱이 우리 뇌에 유전자로서 그 기능이 박혀 있다면 '신과 불의 은혜는 모든 사람에게 널리 퍼져 있다'는 것이 되어, 역시 '신과 불은 실존한다'는 사실은 진실이 됩니다. 그렇다면 그것으

214

로 '뇌라는 것은 그렇게도 훌륭한 기능을 갖춘 고마운 장치'라고 생각하고 기뻐하고 감사하면 되지 않겠습니까?

나는 이번 체험에서 배운 이상과 고찰로 종교가와 유물론자가 되풀이해온 "신과 불은 실존하는가?"라는 논쟁에 완전히 종지부를 찍었습니다. 완전히 흥미를 잃었습니다. 뇌 외부든 내부든 '빛의 존재(신이나 불)가 실존한다'라는 사실은 변함없기 때문입니다.

이러한 고찰에 도달할 수만 있다면 '유물론적인 과학자'라도 "나는 유물론자이긴 하지만 뇌가 창조해준 최고의 은혜로서 신이나 불은 믿으면서 살아가고 싶다"라는 생각을 할 수 있을 것입니다.

중요한 것은 '신과 불이 어디에 존재하는가?'라는 문제가 아닙니다. '신과 불(이라는 말로 상징되는 사고방식)을 믿으면서(활용하면서) 매우 적극적이고도 긍정적으로 사는 것'입니다.

이상과 같은 유물론적 고찰을 이론상으로 인정하면서도 이번 실제 체험으로 나는 '내가 만난 빛의 존재들은 뇌의 외부에 실존하고 있다'고 확신하고 있습니다. 왜냐하면 내가 대화를 나눈 '빛의 존재'들은 내(즉 나의 뇌)가 몰랐던 일이나, 믿지 않고 있던 것을 가르쳐주었으며, 내 책 《사는 보람론》의 문제점이나 수정할 점까지도 지적해주었기 때문입니다.

이러한 것들은 내 뇌에는 존재하지 않았던 정보나 관점이었기 때문에, 이런 정보나 관점을 가르쳐준 '빛의 존재'들은 당연하겠지만 내 뇌의 외부에 있을 것입니다.

이렇게 말해도 유물론자들은 "그것도 또한 뇌의 훌륭한 기능의 하나이며, 뇌의 내부에 복수의 인격을 만들어 자문자답을 시키든지, 잠재의식 속의 정보를 현재화시킴으로서 자기 자신을 놀라게 한다든지 감동시키고 있을 뿐이다"라고 해석할 수 있습니다. 하지만 그것은 그것이고, 차라리 뇌의 훌륭한 기능이라 생각하며 이를 활용하는 편이 더 좋지 않을까요?

왜냐하면 비록 '신이나 불이 뇌의 외부에 존재한다는 가설'을 이치상으로는 부정할 수 있다고 하더라도, '신이나 불을 믿으면서 전향적으로 살아가는 것의 가치'는 결코 부정할 수는 없기 때문입니다.

어쨌든 언젠가는 '죽으면 알 수 있게 되는 것'이므로 나는 전혀 걱정하고 있지 않습니다…… . (웃음)

'궁극의 빛'과 함께

모든 경험을 글로 옮김 지금 이 순간, 어떤 어처구니없는 사실을 하나 깨달았습니다.

그때 내가 만난 '궁극의 빛'은 마지막에 내 영혼 안으로 뛰어들어 동화한 그대로…… 아직 빠져나가지 않았습니다.

'궁극의 빛'은 지금도 내 영혼과 하나가 되어 내 육체에 '연결'되어 있습니다.

'궁극의 빛'은 지금 이 책을 읽고 있다든지 내 경험을 공유해준 분들과도 '연결'되어 있을 겁니다.

나에게는 지금도 그때의 '궁극의 빛'으로부터 메시지가 전달되어 옵니다.

이 책을 읽어주신 여러분들에게도 분명히 그 메시지가 닿고 있을 겁니다……

"인생에서 가장 중요한 것은 긍지를 가지고 산다는 것…… 즉, '나는 사랑 그 자체다'라는 자신감을 절대로 잃지 않을 것…… 여러분도 힘껏, 긍지를 가지고 살아가십시오."

그날…… 12월 28일에서 꼭 한 달이 지난 그날 나는 홈페이지에 다음과 같은 메시지를 남겼습니다.

1월 29일 판

오늘 11살(초등학교 6학년)인 딸이 "발렌타인 선물이에요!"라고 말하며 예쁘게 포장된 초콜릿을 나에게 주었습니다. "630엔이나 주고 샀어…… 내 용돈으로 샀어요"라고 정직하게 가격을 말하는 것이 예뻐 좋았습니다.

"그런데 아직 빠른 것 아닌가?"라고 말하니까, "아버지는 다른 사람들에게도 받을 거잖아요. 그래서 제일 먼저 드리고 싶었어요"라고.

실은 딸이 자기 용돈으로 나에게 선물을 사준 것은 이번이 처음입니다.
더욱이 좀 더 싼 300엔 정도의 초콜릿도 얼마든지 팔고 있을 텐데 제대로 된 초콜릿을……
한 달 분의 용돈이 1,000엔밖에 없는 딸에게 630엔의 지출은 엄청난 금액이었을 텐데.
나머지 용돈으로 딸이 매월 낙으로 삼고 있는 〈지아오〉라는 잡지를 살 수 있을지 걱정입니다…….

그렇게 생각해보니 최근 딸이 이상하리만큼 나에게 상냥합니다.

물론 나는 딸과 다투어본 적은 한 번도 없었으며, 딸을 야단쳐 본 일도 유치원 시절에 위험한 짓을 해서 세 번 정도 엄하게 꾸짖은 것뿐이며, 초등학생이 된 이후는 6년간 한 번도 야단친 일이 없는데…… 그렇다고 하더라도 이때까지보다 최근에 더 잘해줍니다.

그래서 나는 '아!' 하고 깨달았습니다.

"그렇구나…… 내가 머리를 수술했기 때문이구나……."

"아버지가 죽어간다"라는 좀처럼 하기 어려운 경험, 그것도 '수술 중'이라는 빨간 램프가 켜진 수술실 밖에서 수술이 끝나기를 줄곧 기다린다는 경험은 더 없이 귀했을 겁니다. 덕분에 아버지의 존재 가치를 마음에 사무치게 느꼈던 모양이구나……"라고.

딸에게 이런 귀중한 배움을 주었다니 "아, 죽어간다는 경험은 정말 좋은 경험이었구나" 하고 태평하게 웃었습니다. (다행히 살아서 돌아왔으니 망정이지 실제로는 농담으로 끝낼 일이 아닌 일대 위기였지만…….)

아직은 두 시간 정도 컴퓨터 앞에 앉아만 있어도 출혈했던 왼쪽 뇌가 마치 '경고'를 하는 것처럼 아프기 시작합니다.

마치 울트라맨의 컬러 타이머가 울리는 것처럼……

의사 선생님에게도 '한 번 더 일어나면 이젠 살아남지 못합니다'라고 협박을 당해서……

아니, 고마운 훈계를 받고 있습니다.

완전히 회복하기까지는 아직도 많은 시간이 필요하겠지만 언제까지 직장을 쉴 수는 없으니까 무리하지 않고 천천히 일을 시작하겠습니다.

귀여운 딸을 위해서라도 좀 더 이 세상에 살아 있어야 할 테니까요……(아직도 쓰고 싶은 책, 써야 할 책이 많이 있으니까요.)

…… 그렇습니다. 열한 살짜리 딸도 아버지가 죽음과 싸우는 모습을 보고 어느새 약간의 '긍지'를 가지게 되었습니다.

우리 전파과학사에서도 잊혔던 책,《트윈 소울》을 다시 보게 된 건 순전히 유튜버 〈주먹쥐고일어서〉님 덕분이다.

진심으로 감사드린다.

우리 자신의 이야기를 하는 책, 우리 가슴을 뛰게 하는 책을 오랜만에 만났다. 책 스스로, 자기 때를 찾아 나온 듯한 기분이다.

우리는 지난 70여 년간 우리나라 기초 과학을 진흥하기 위해 노력해 왔다. 하지만 이는 과거일 뿐이다. 출판업계가 어려워진 만큼, 아니 그 이상으로 우리도 어렵다. 하지만, 우리는 출판의 본질을 기억한다.

우리 몫은 정말 좋은 콘텐츠, 한 사람이 일어나 변화하고 성장하게 할 콘텐츠를 생산하고 알리는 것뿐이다. 나머지는 독자의 몫이다.

삶의 의미나 목적을 잃고 방황하는 사람에게, 어느 순간 성장을 멈춘 채 왠지 모를 불안함에 시달리는 사람에게 일독을 권한다.

독자에게도 독자 자신의 이야기로 가닿을 것이며, 독자의 가슴도 다시 뛰기 시작할 것이다.

이 책을 읽은 독자는 영적으로 한 단계 더 성장할 것이다.

저자의 전작《소울메이트》의 출간을 준비하며...

전파과학사 편집부

---

ps. 독자에게도 그랬다면, 이 책의 인증샷을 #트윈소울 #TwinSoul #전파과학사

태그와 함께 독자의 SNS에 남겨주기 바란다.

좋은 일이 있을 것이다.